JEUX D'AVENTURE POUR ADULTES

LABYRINTHE ADULTE

ActivityCrusades

Publié par Speedy Publishing Canada Limited

2

4

6

8

11

13

15

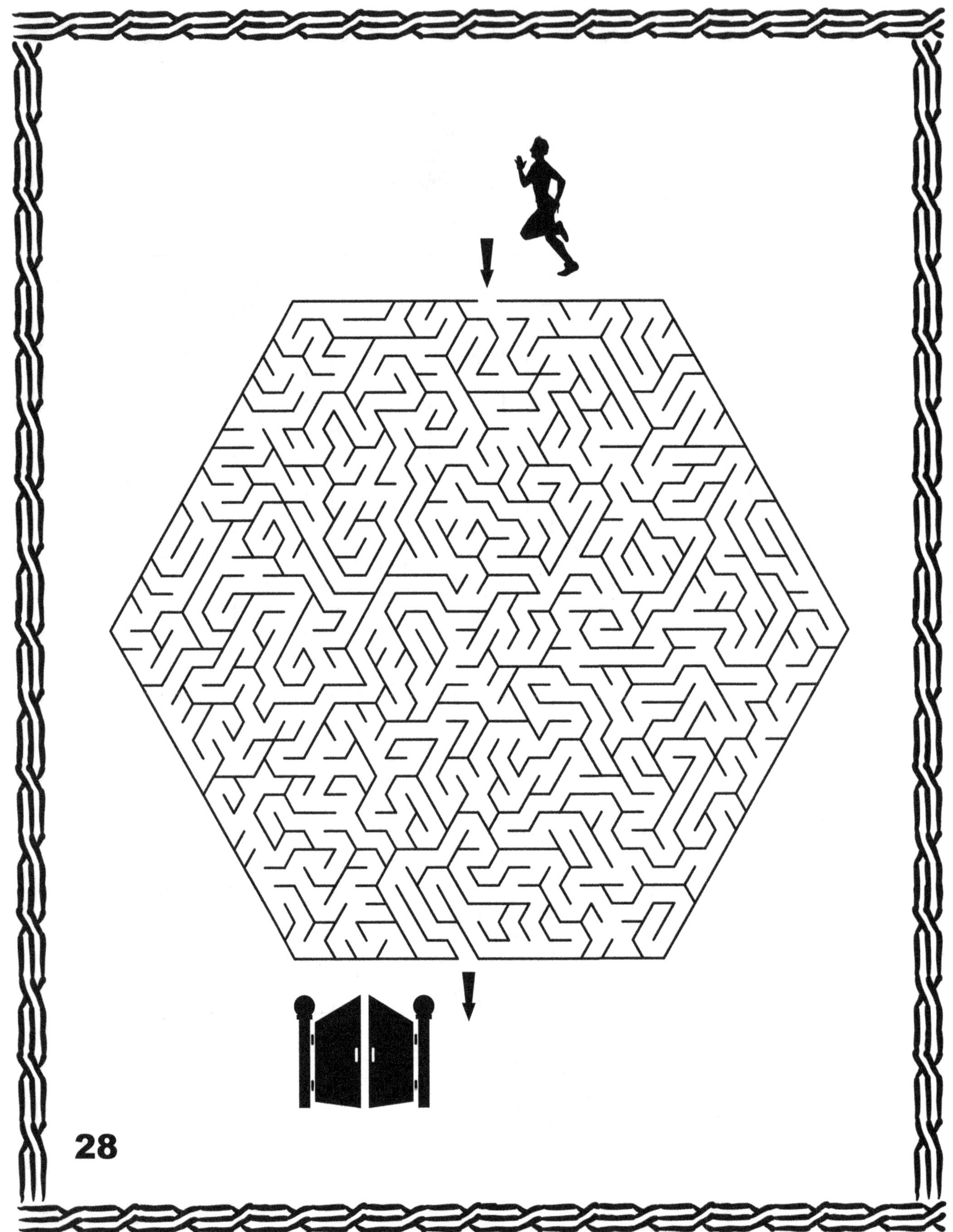

28

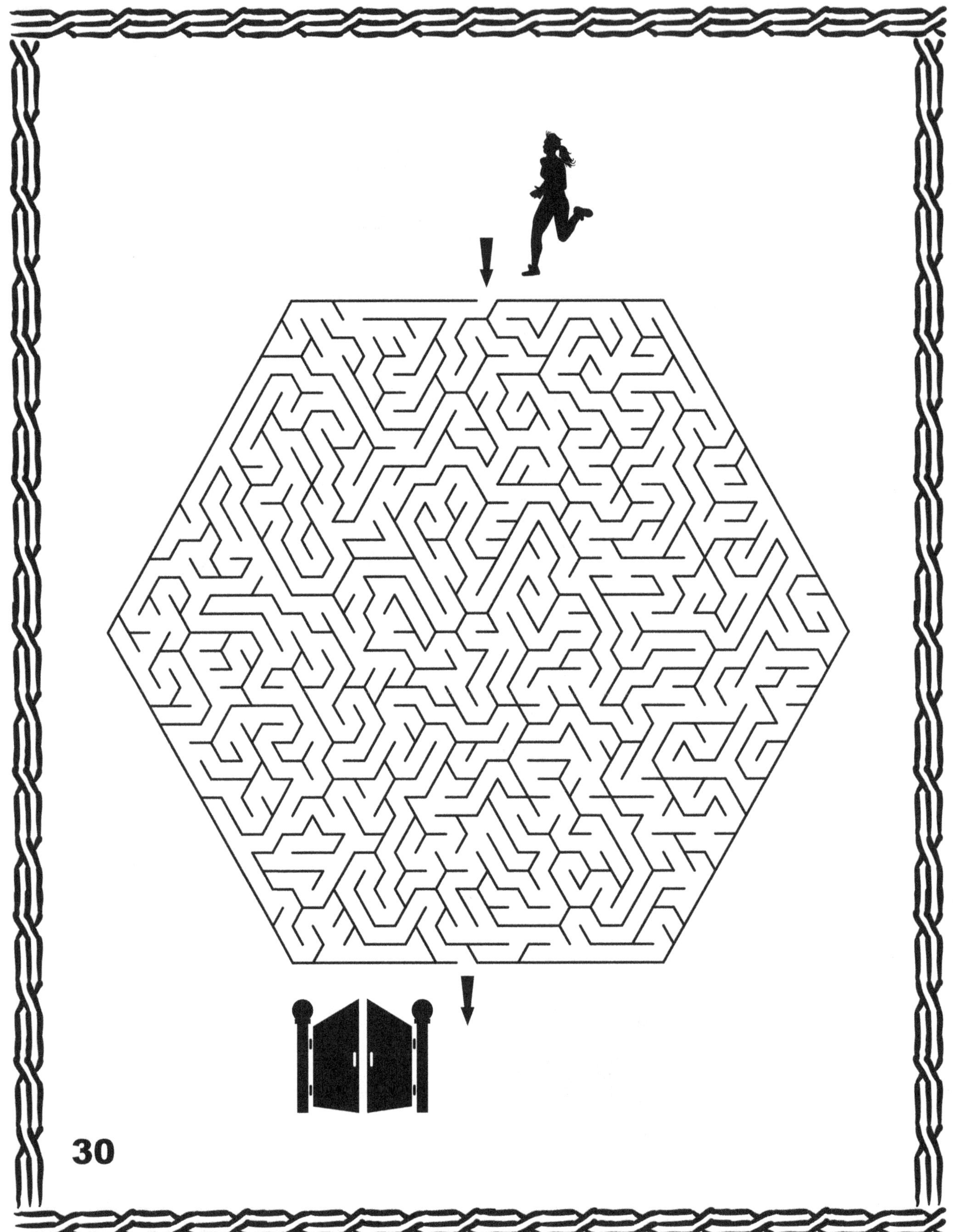

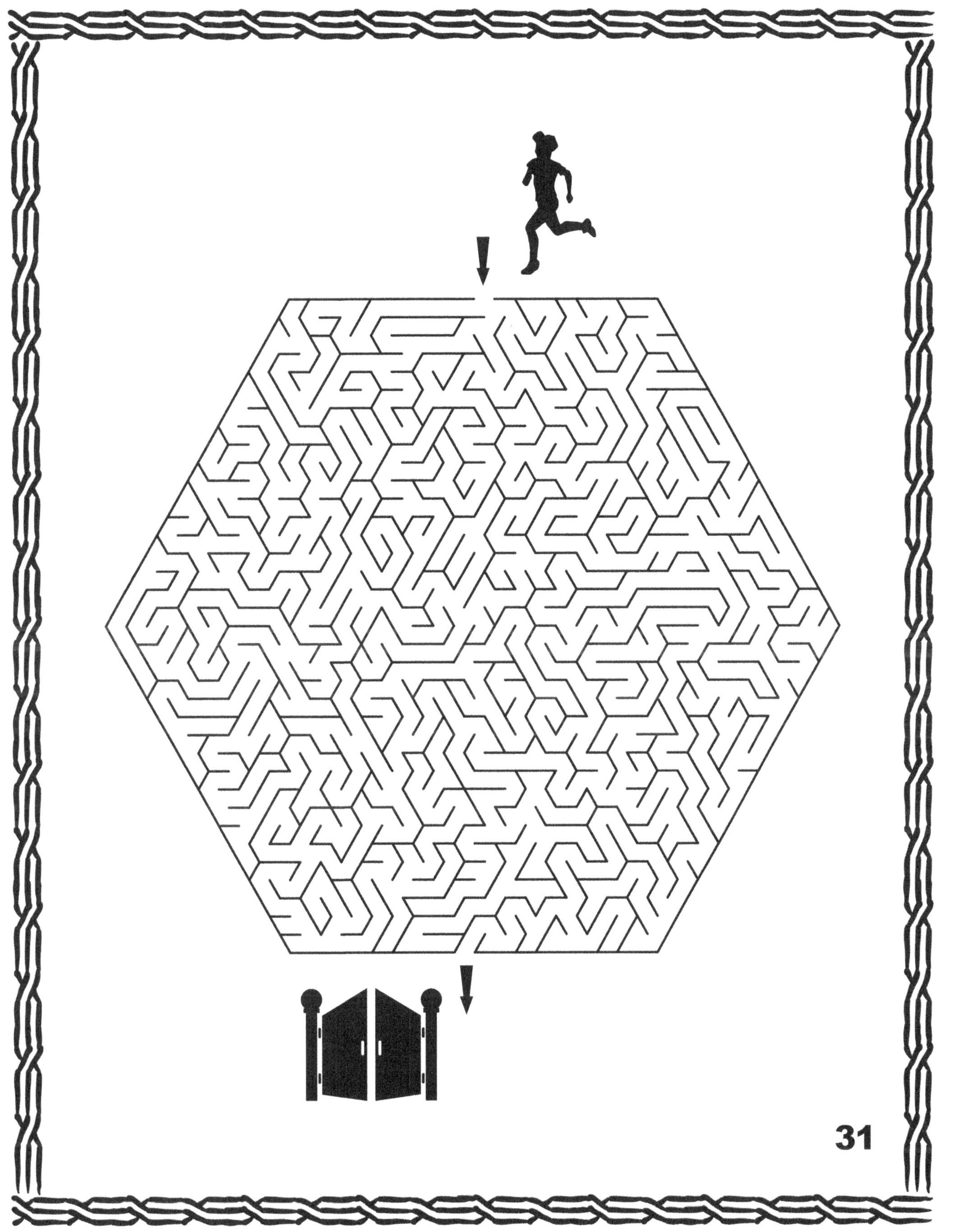

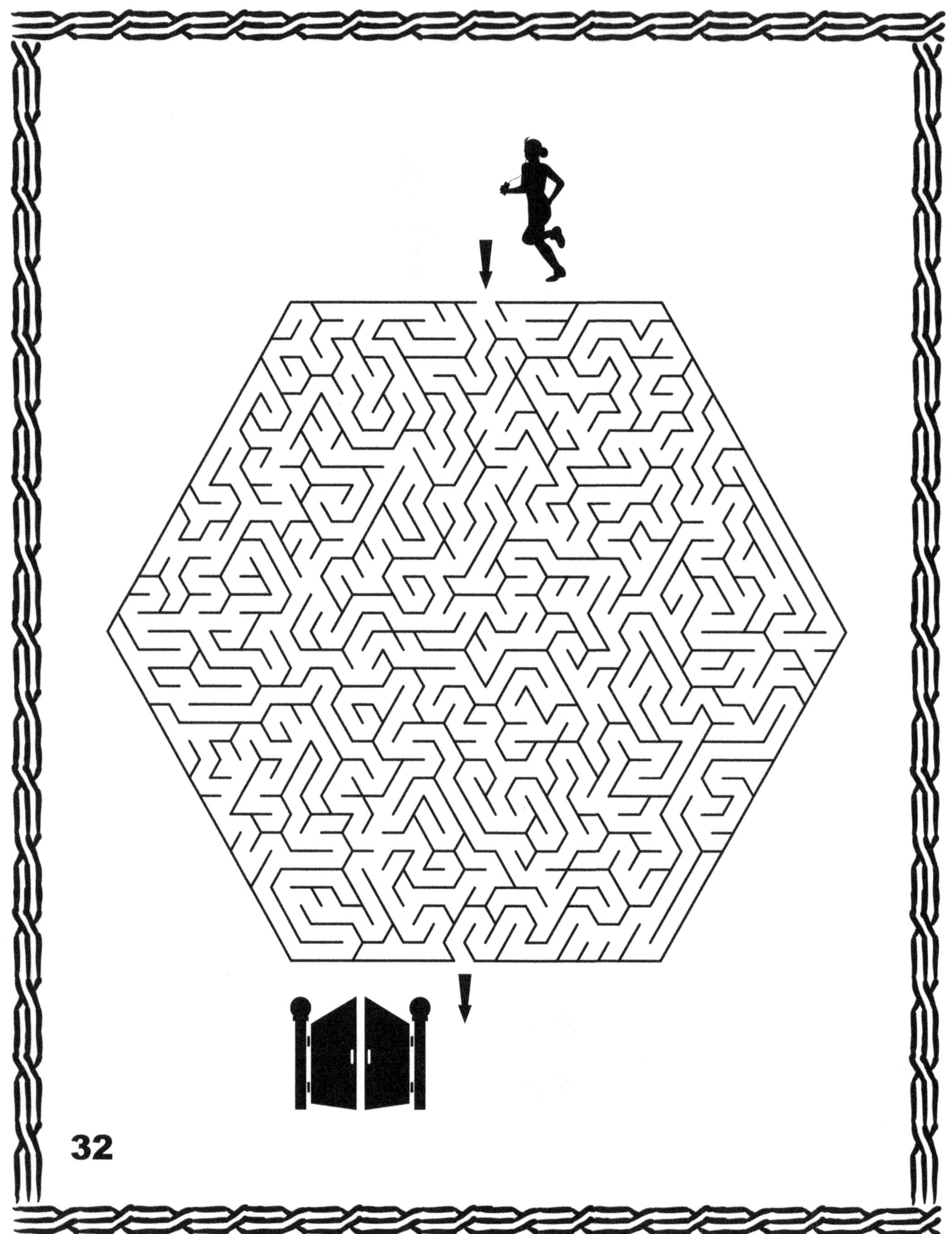

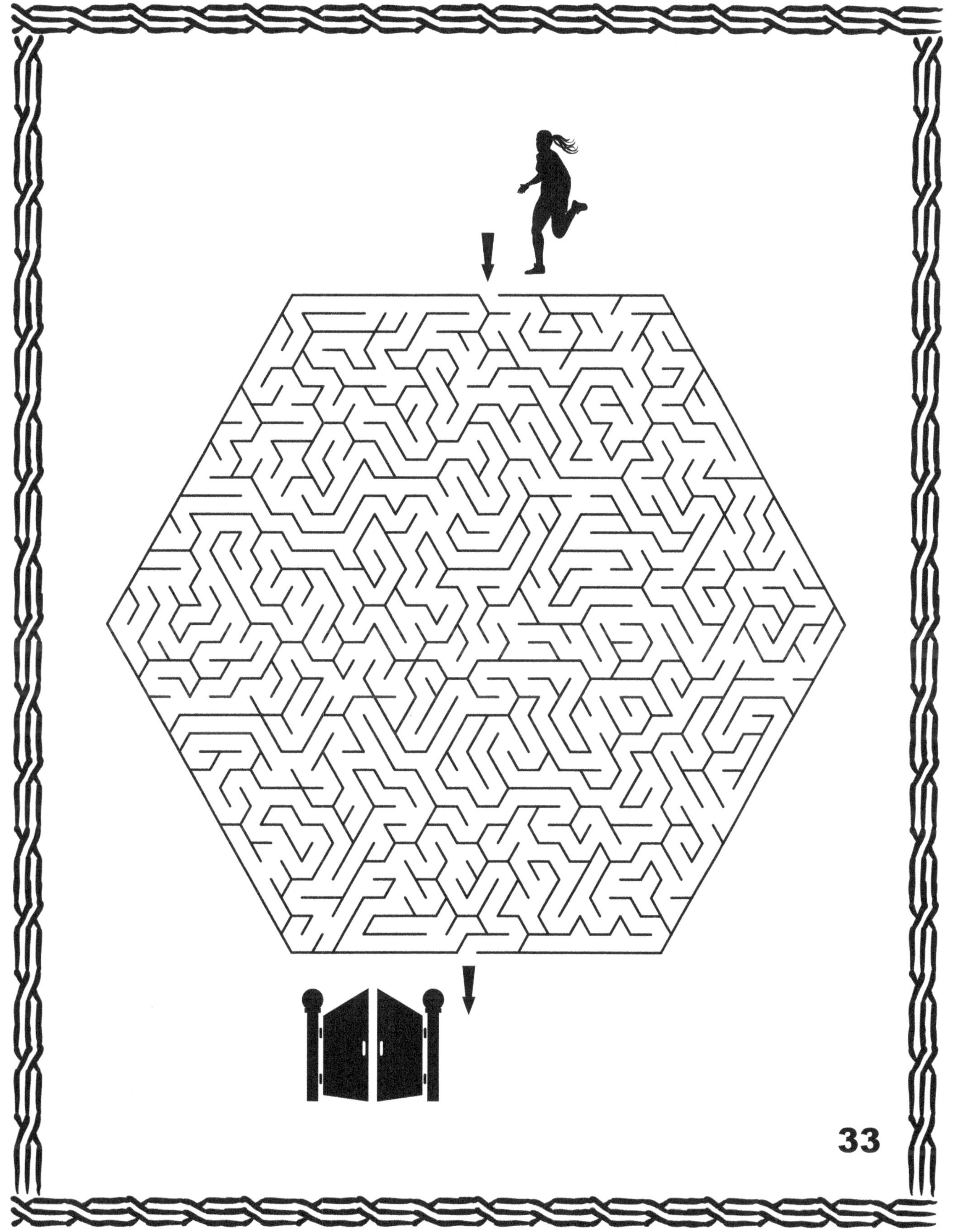

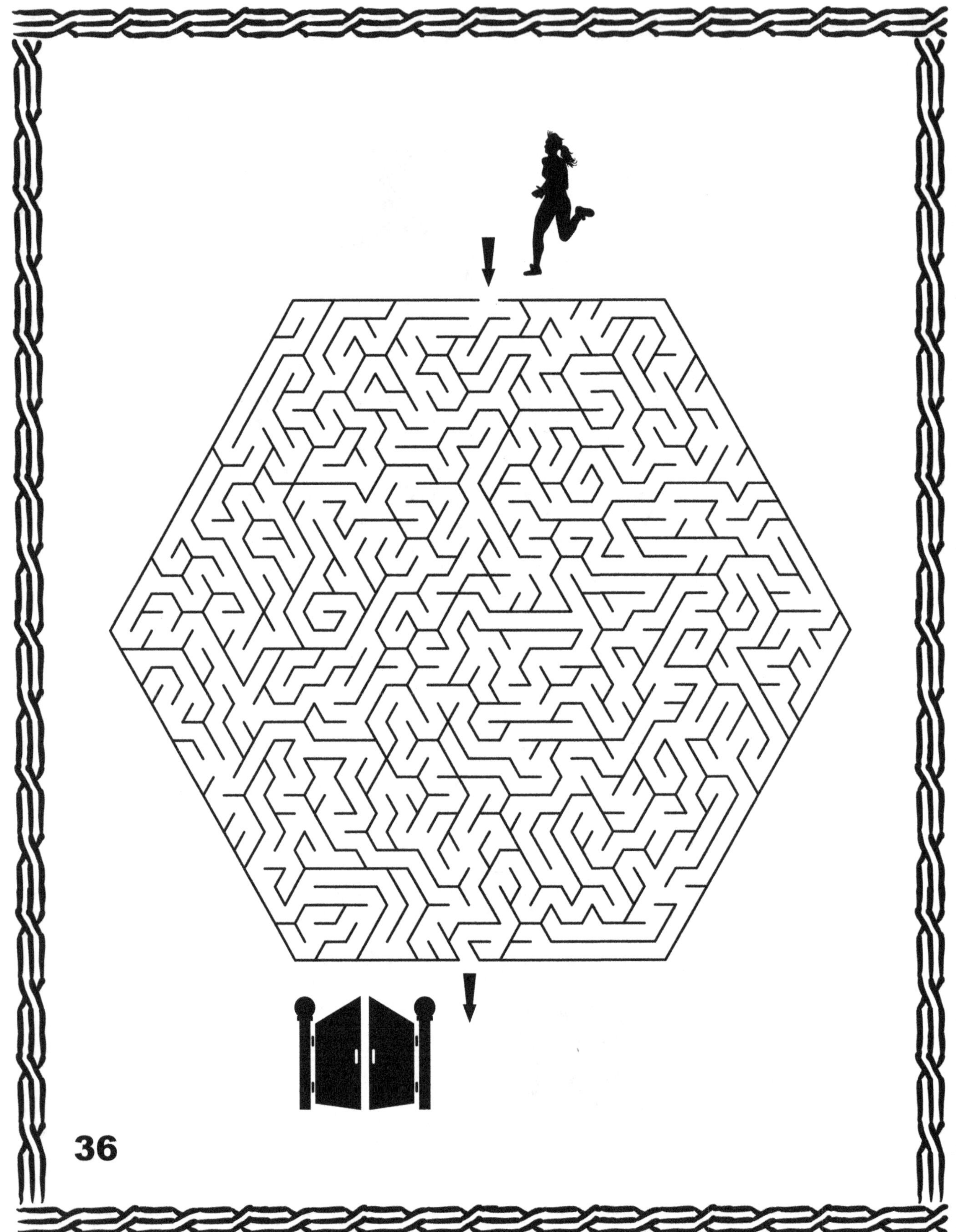

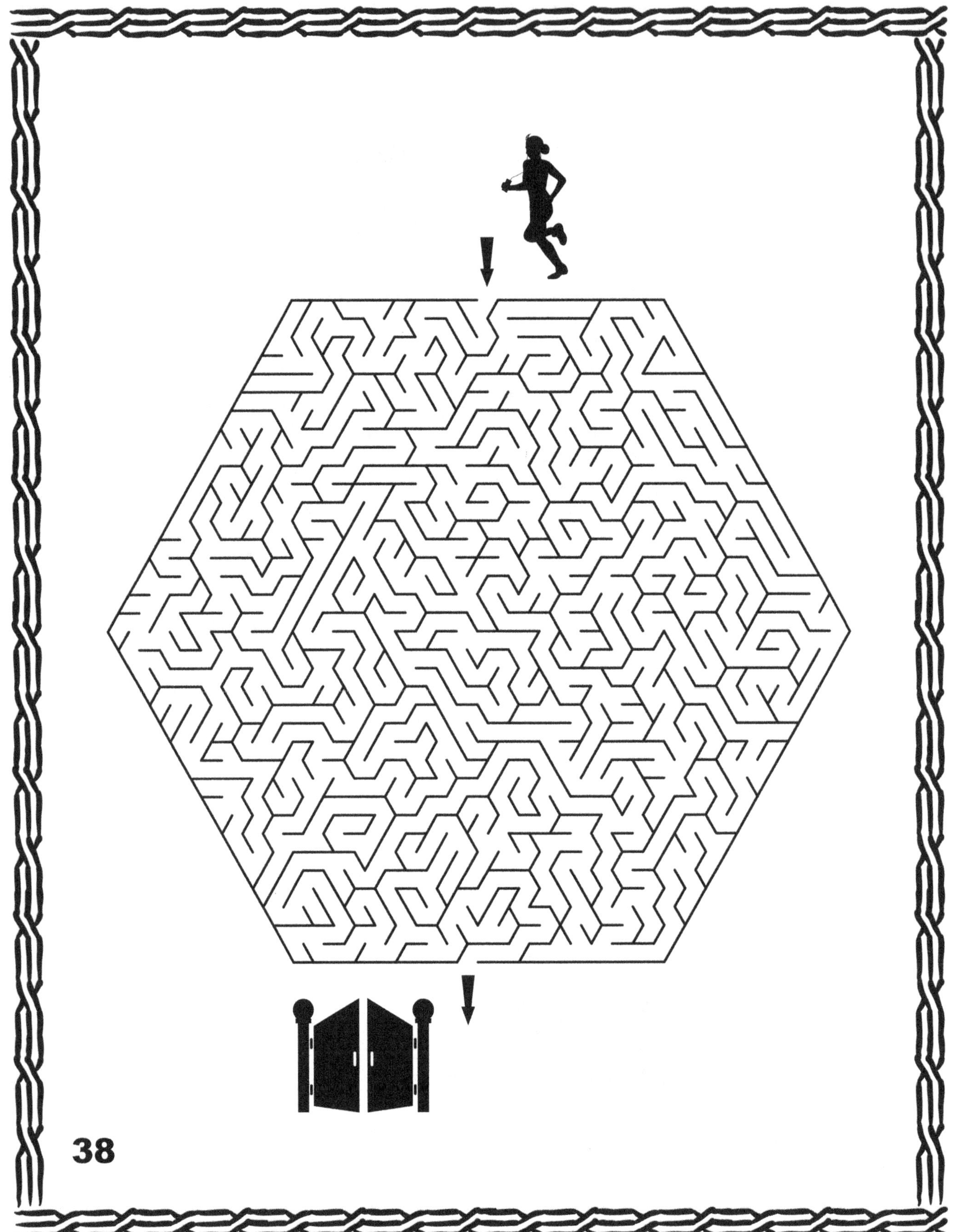

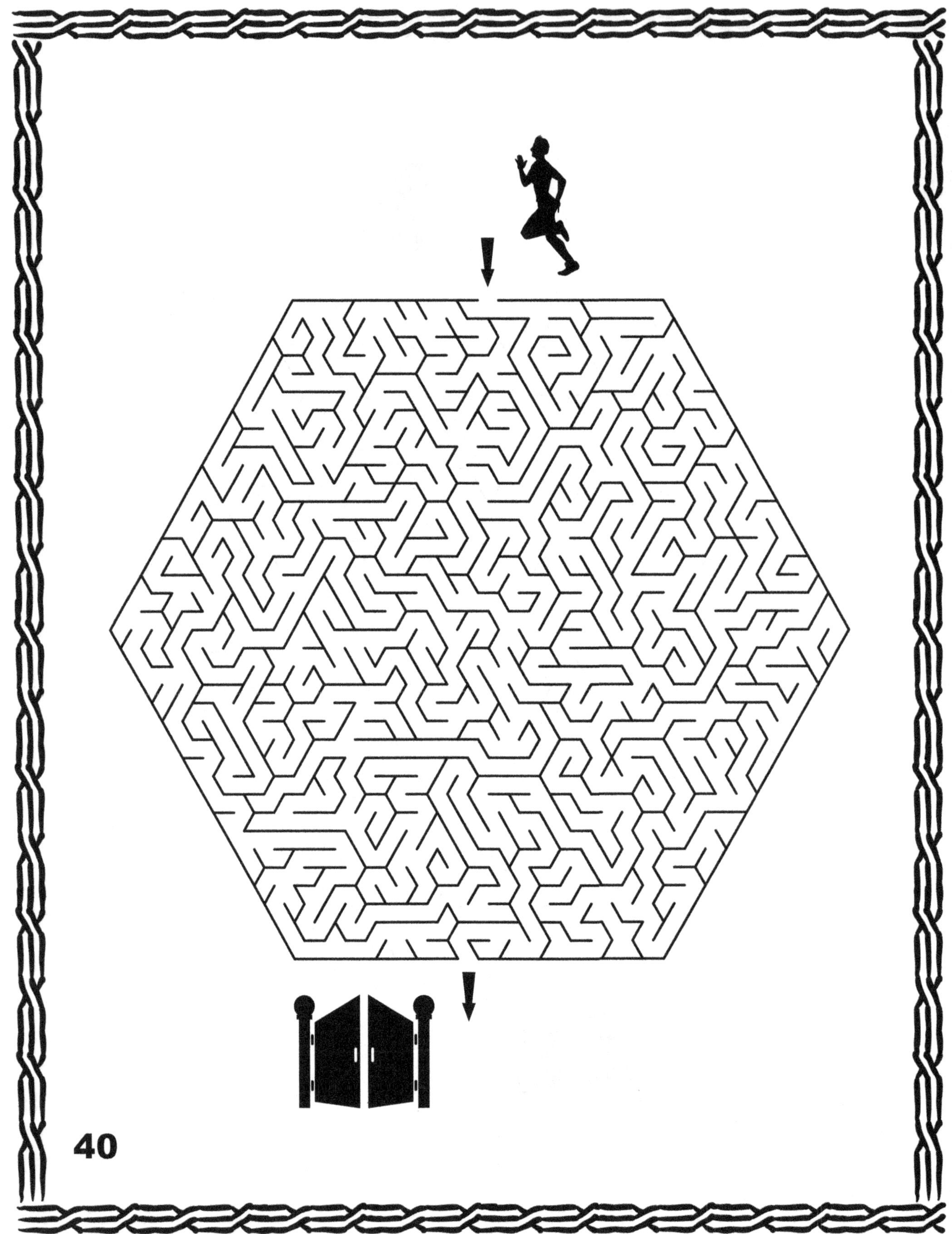

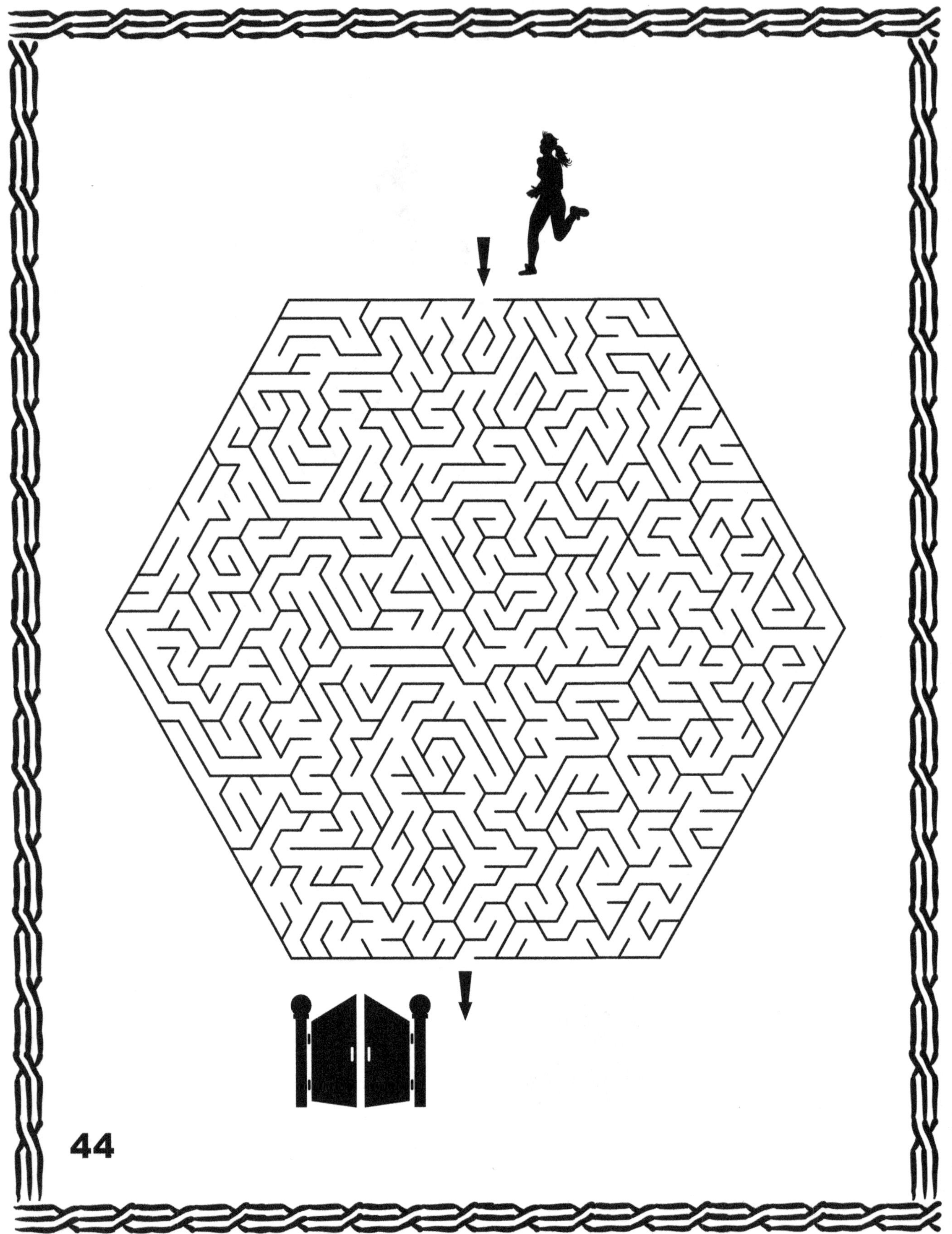

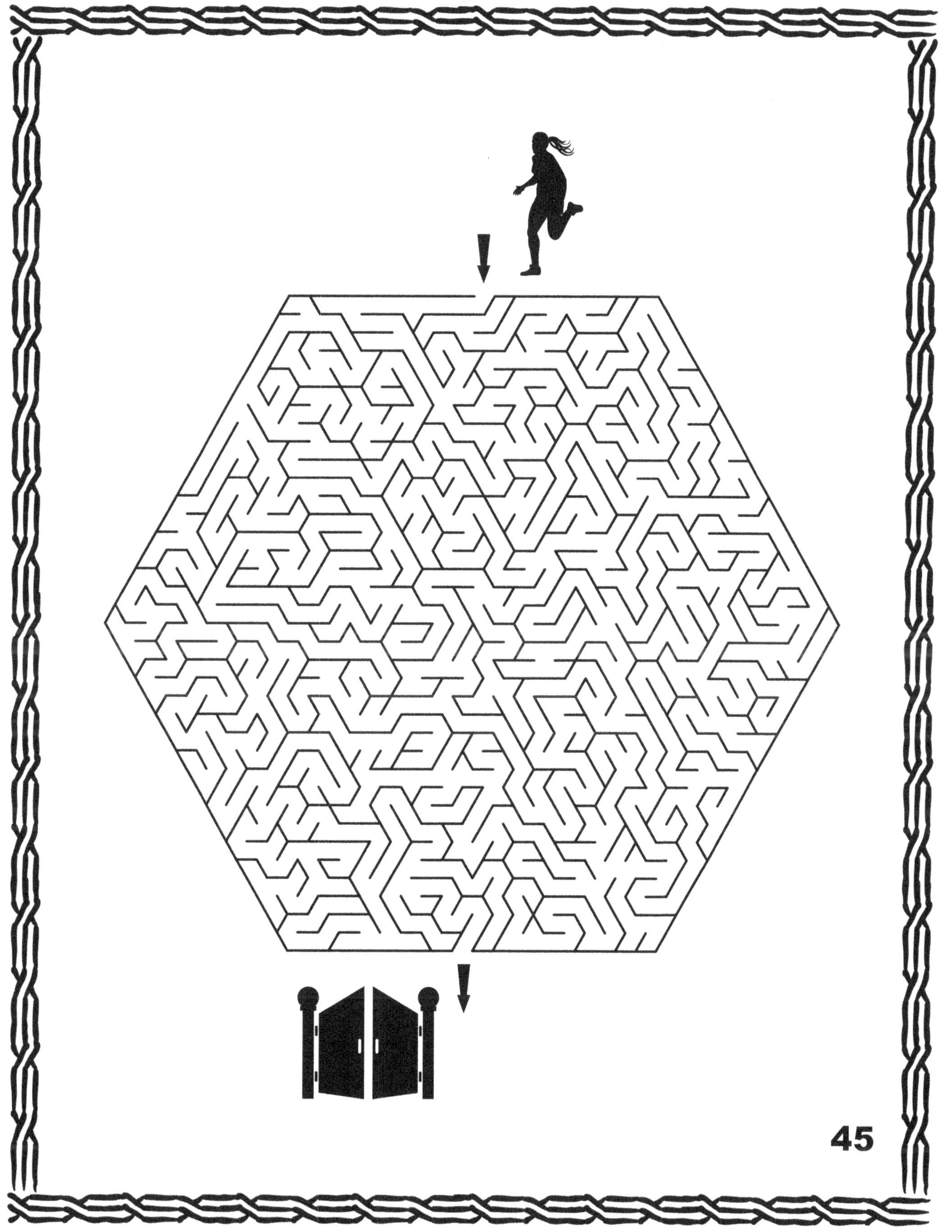

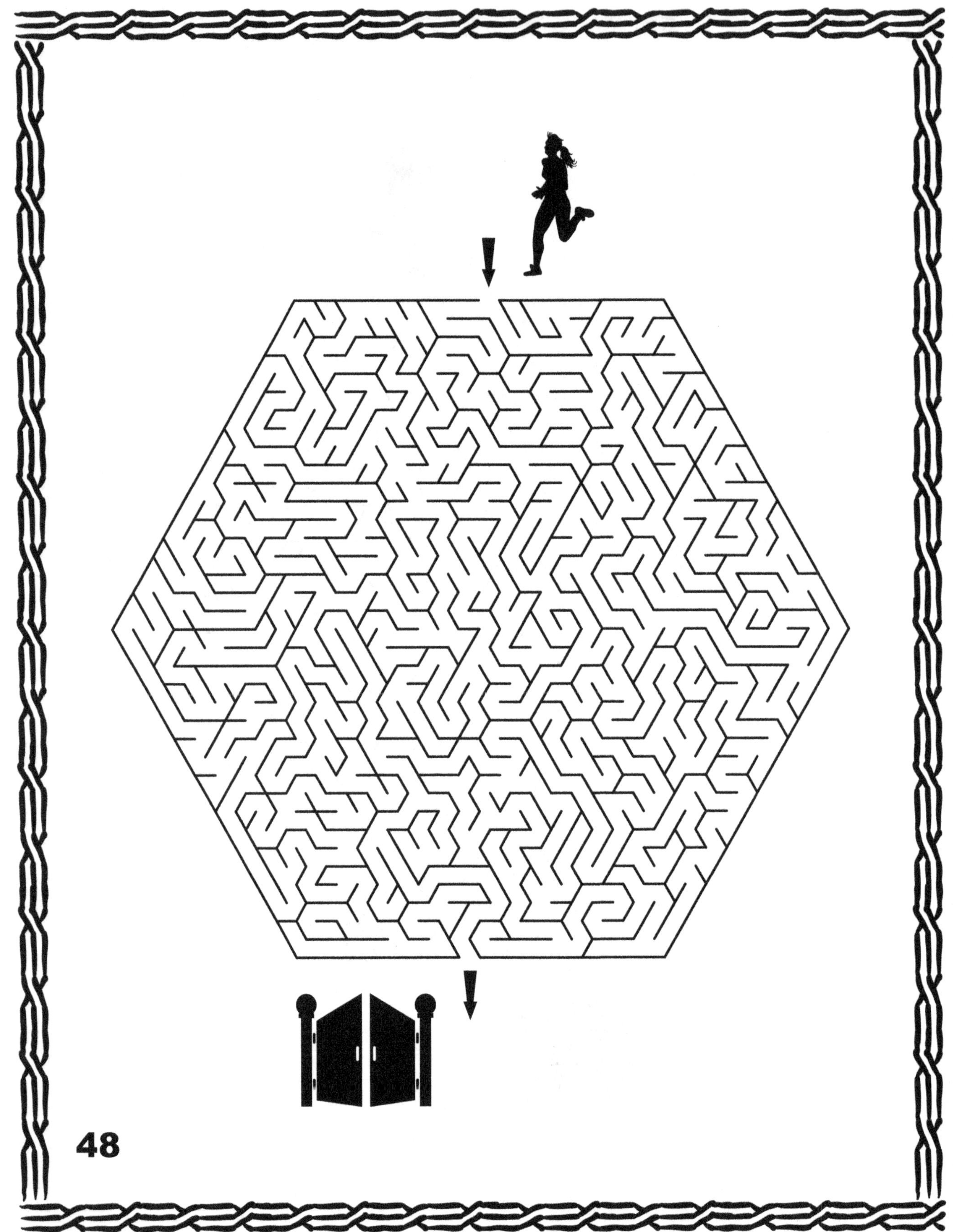

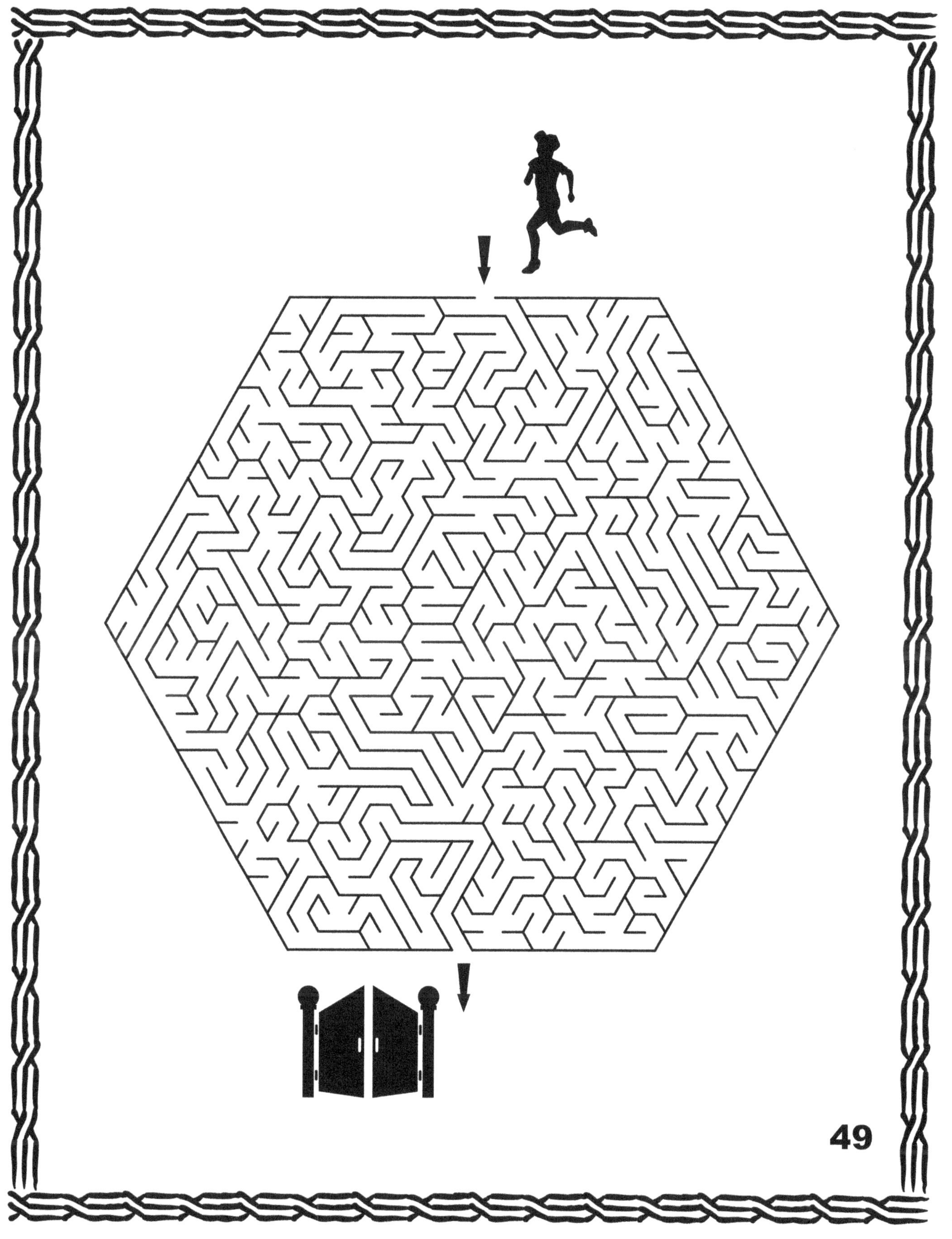

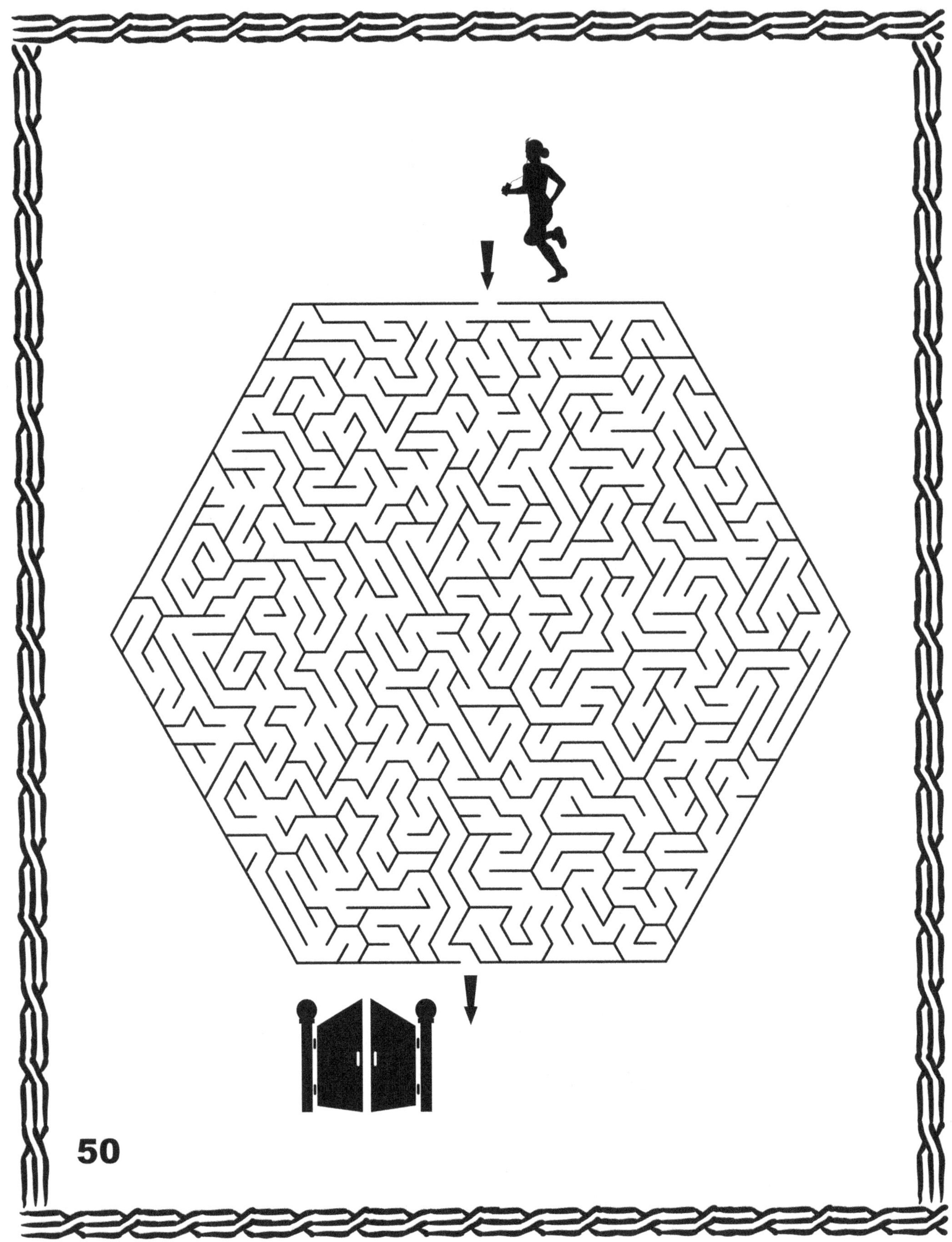

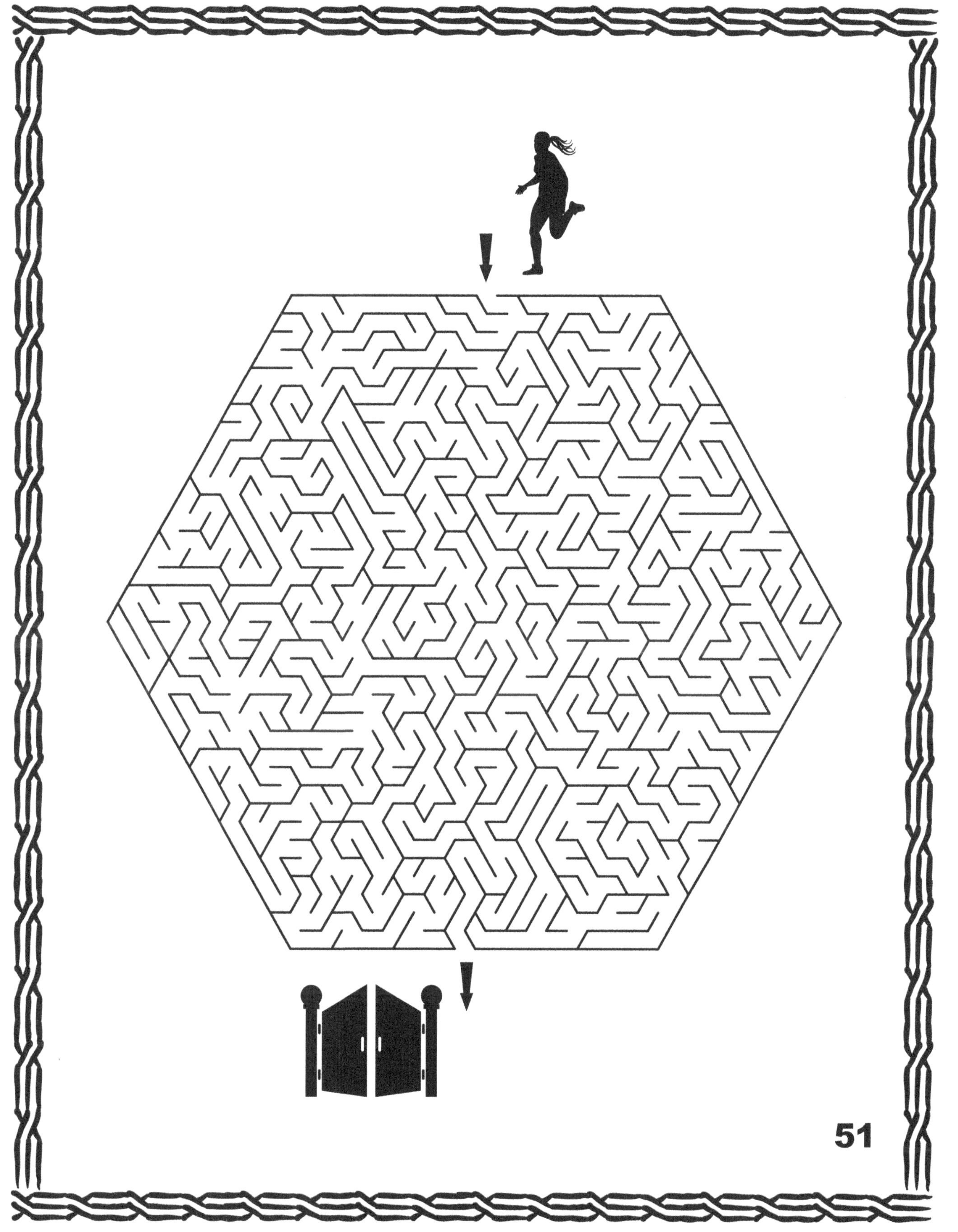

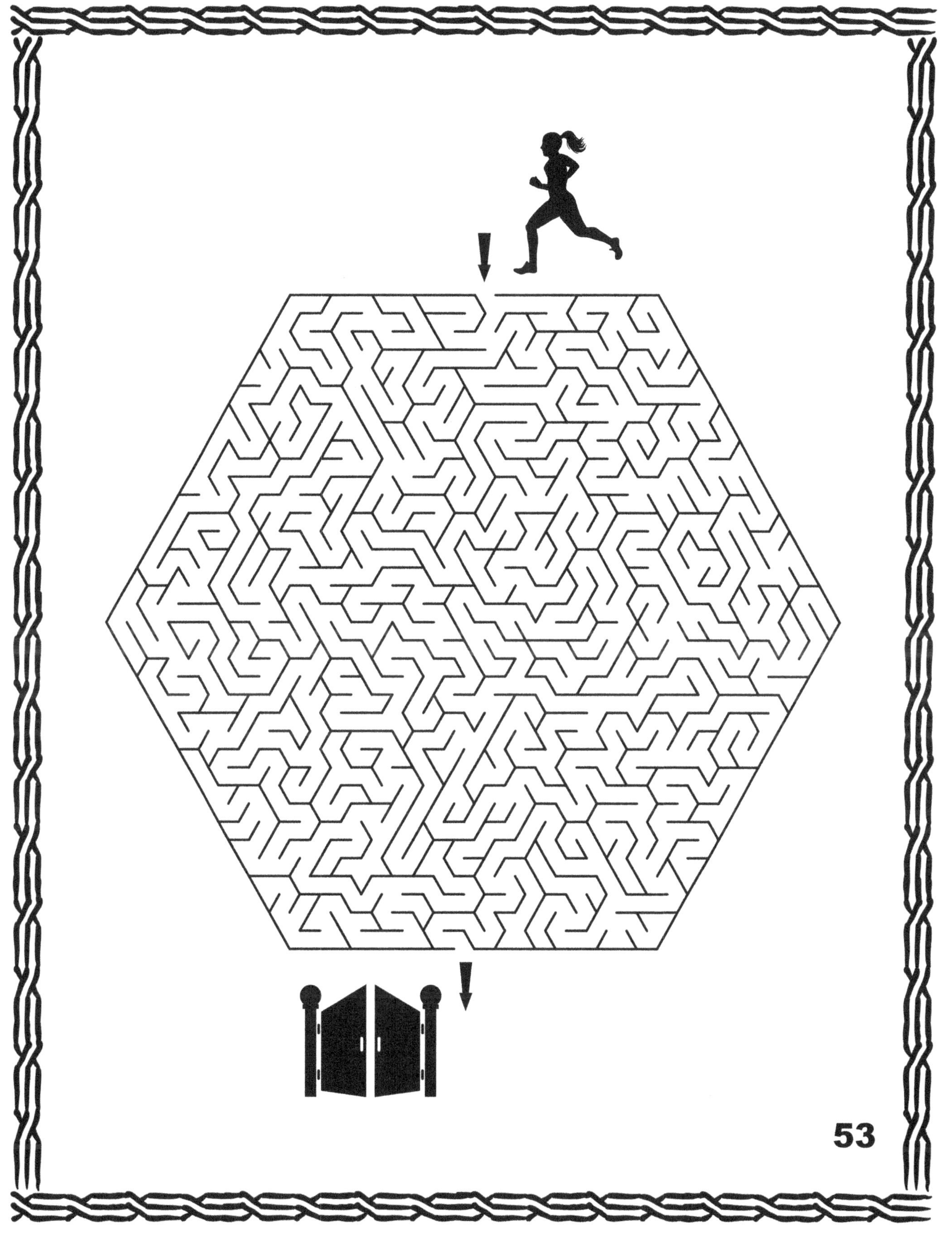

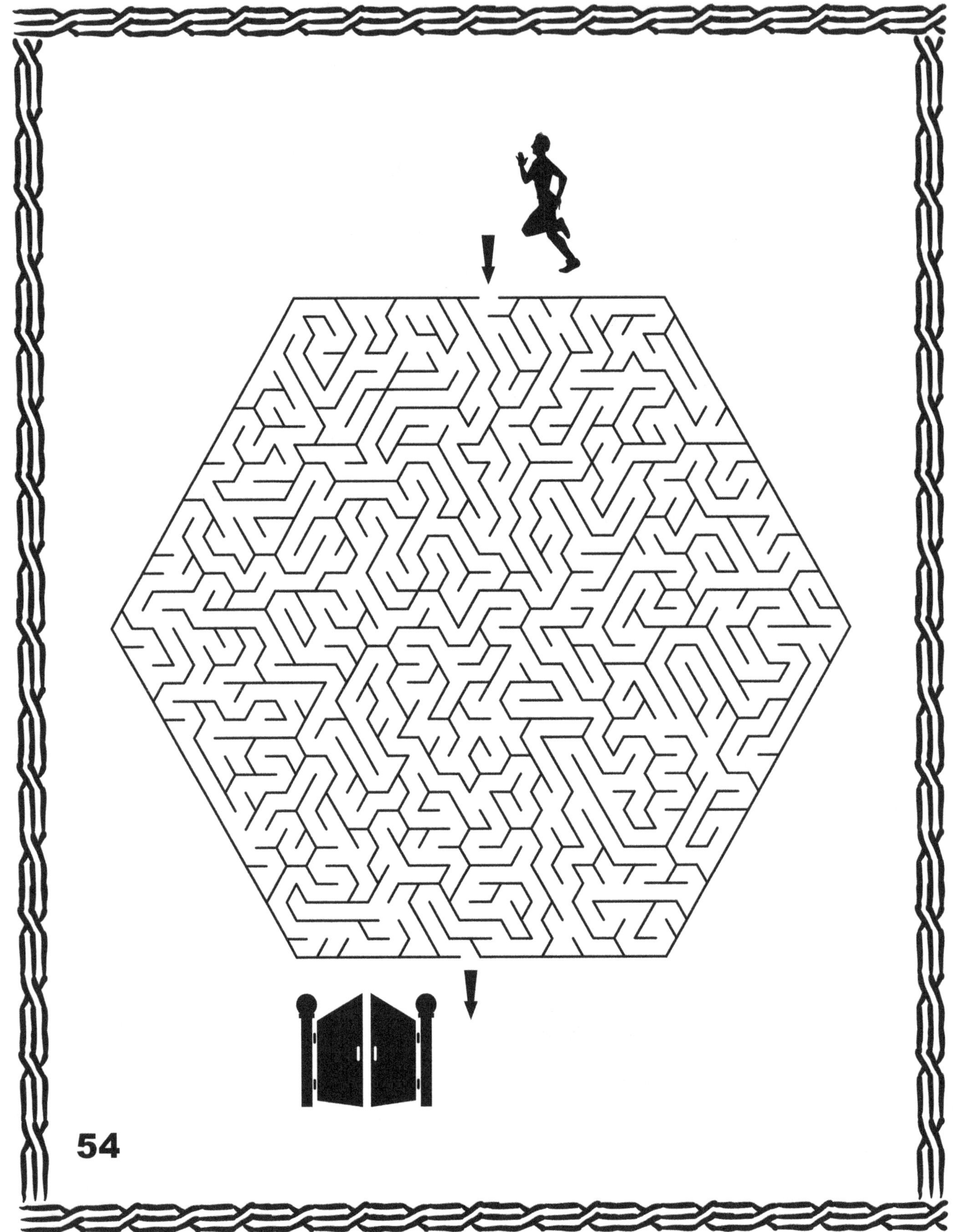

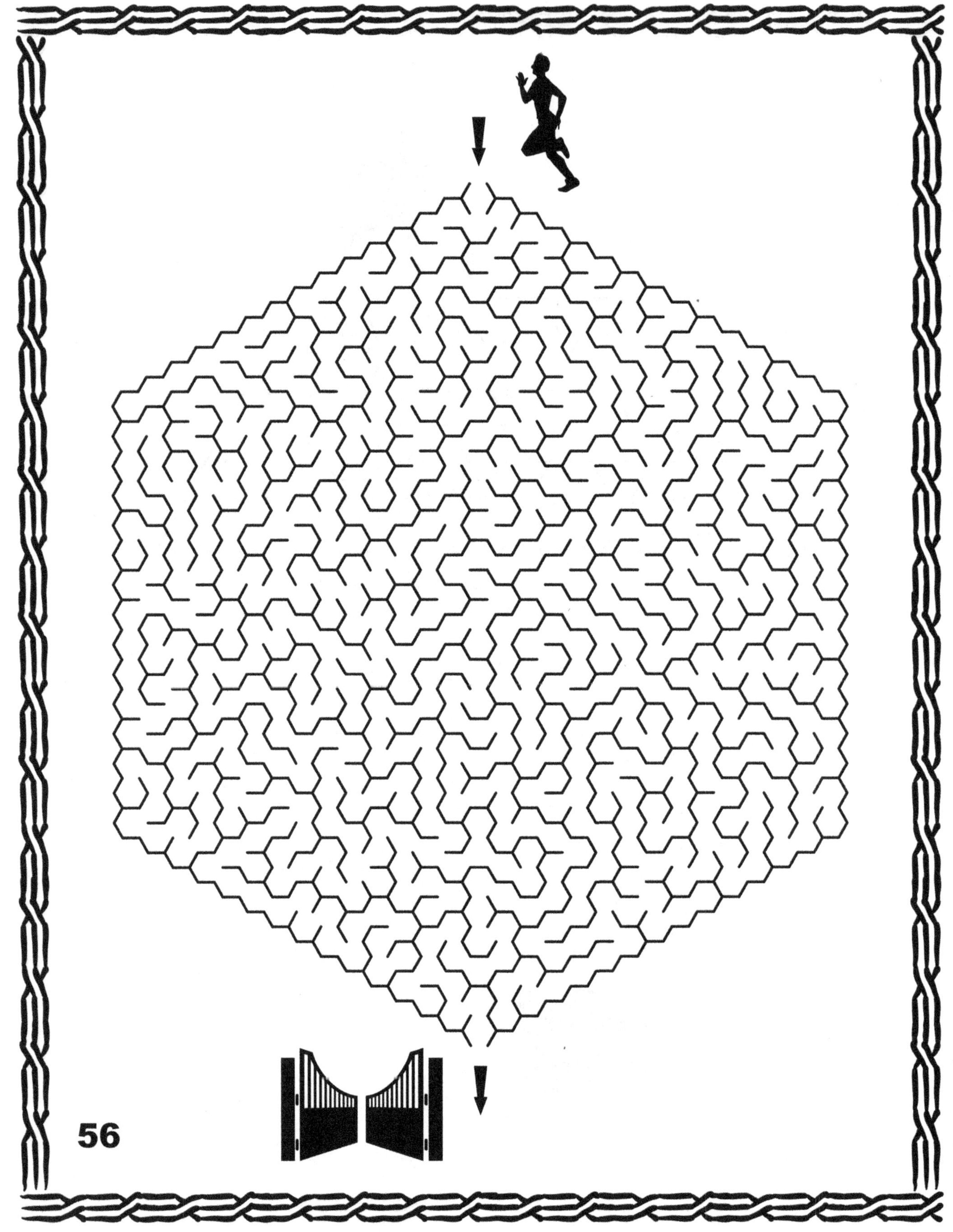

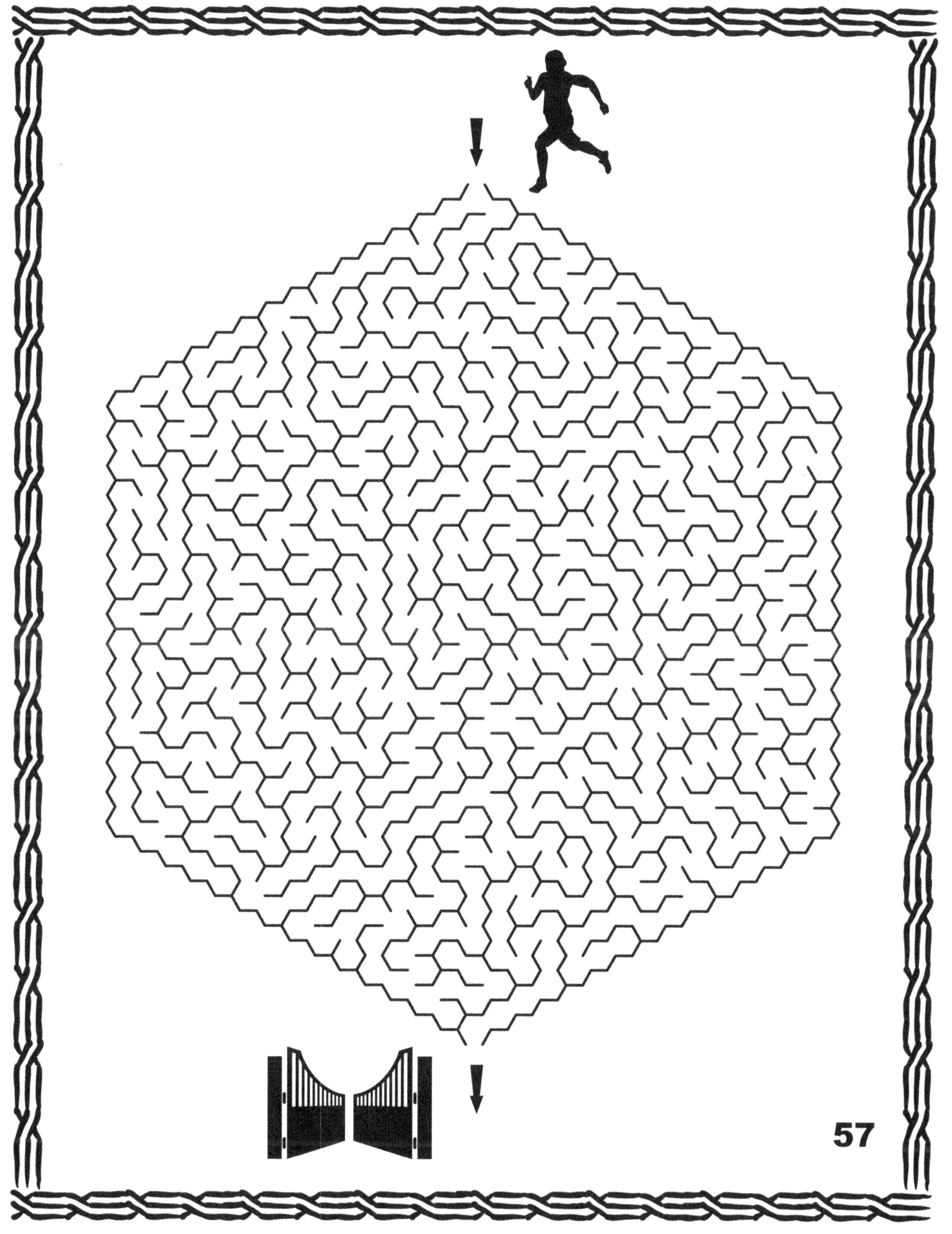

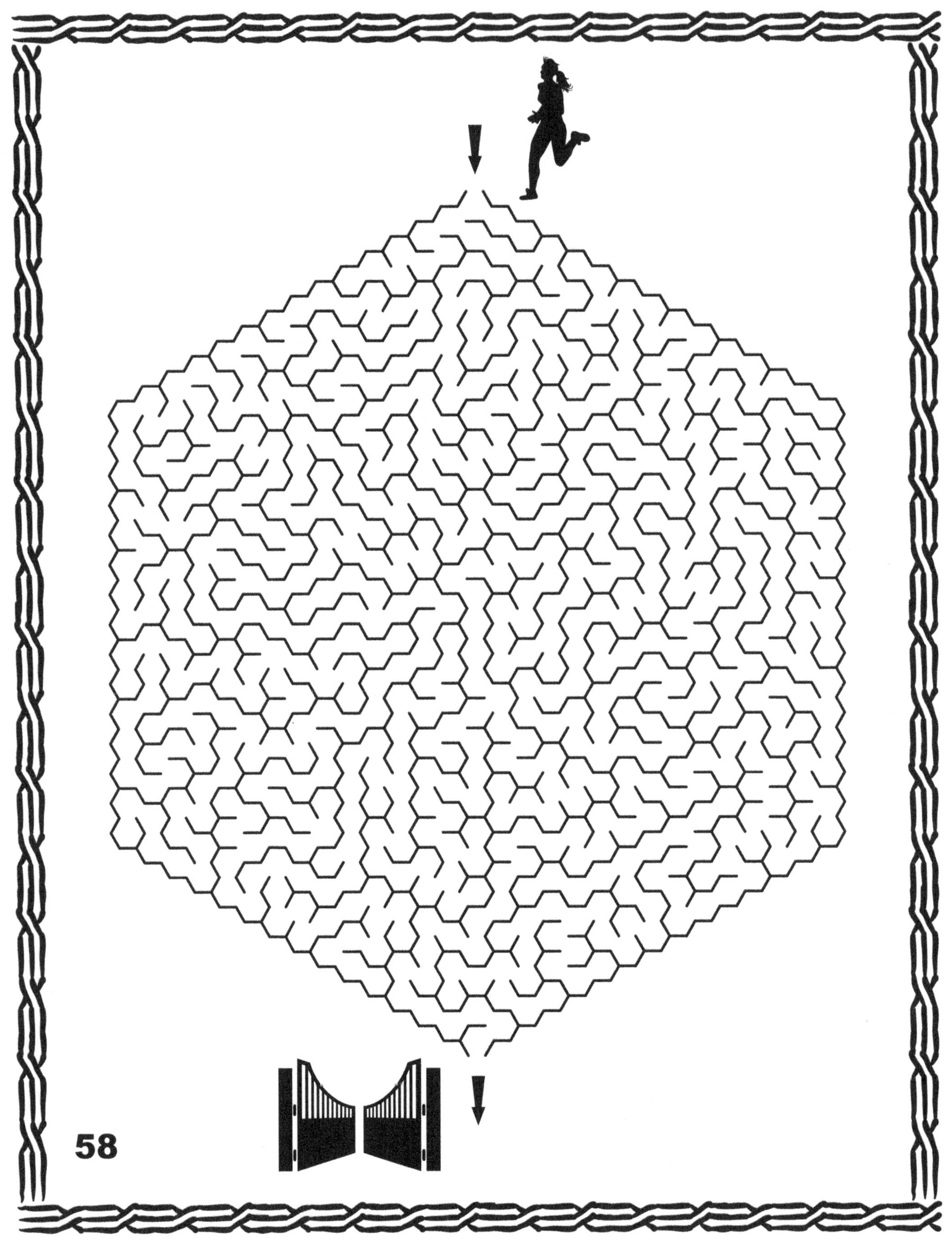

58

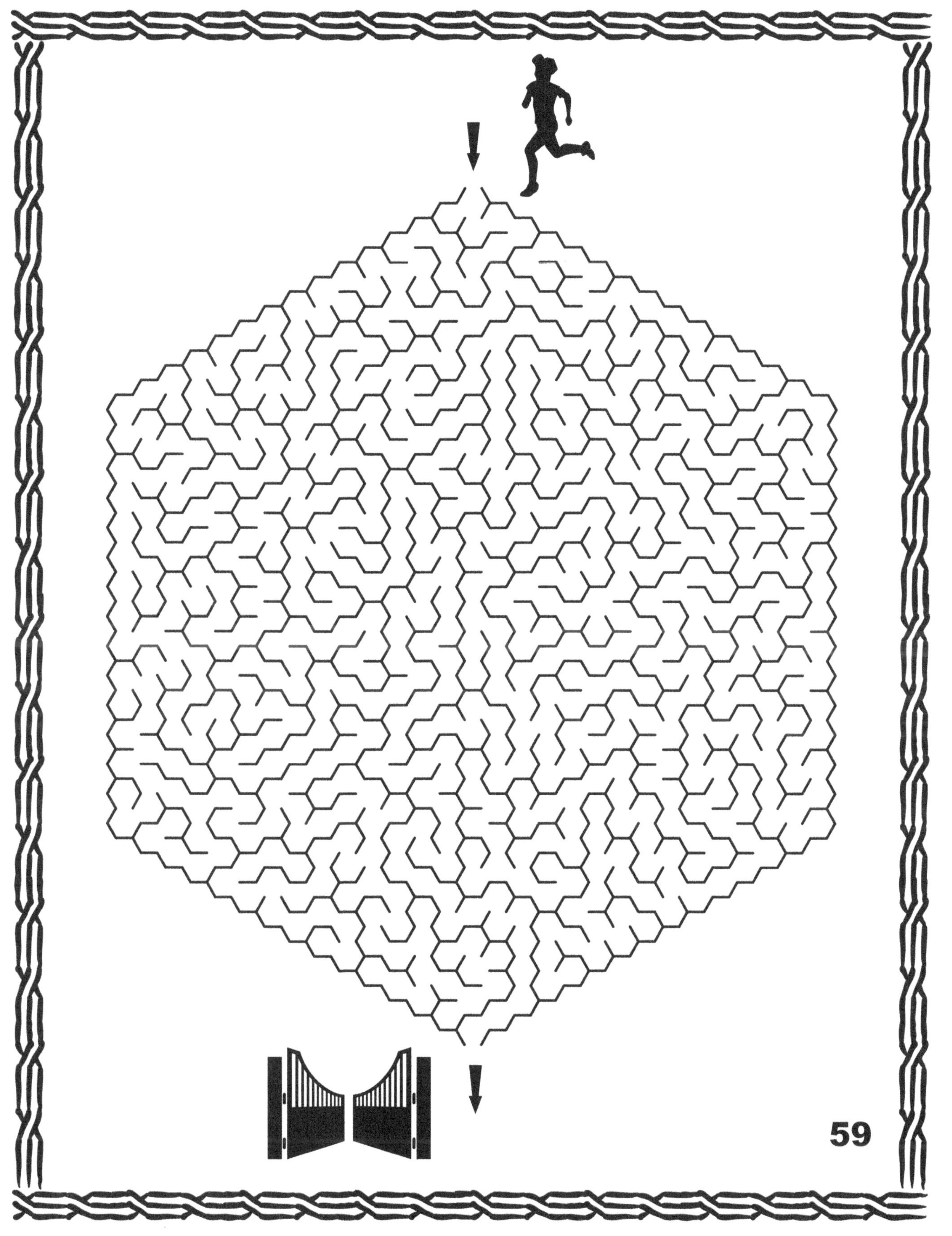

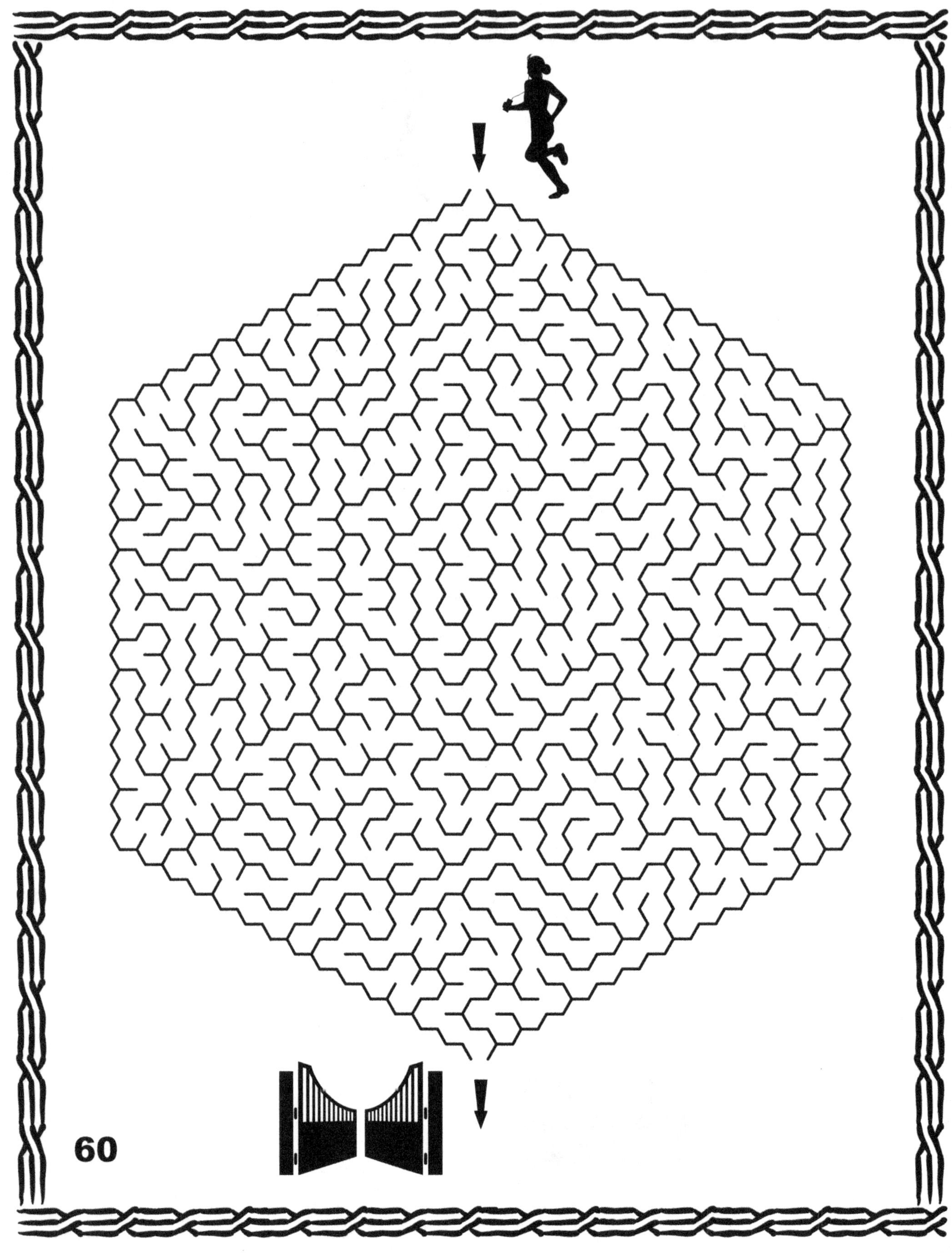

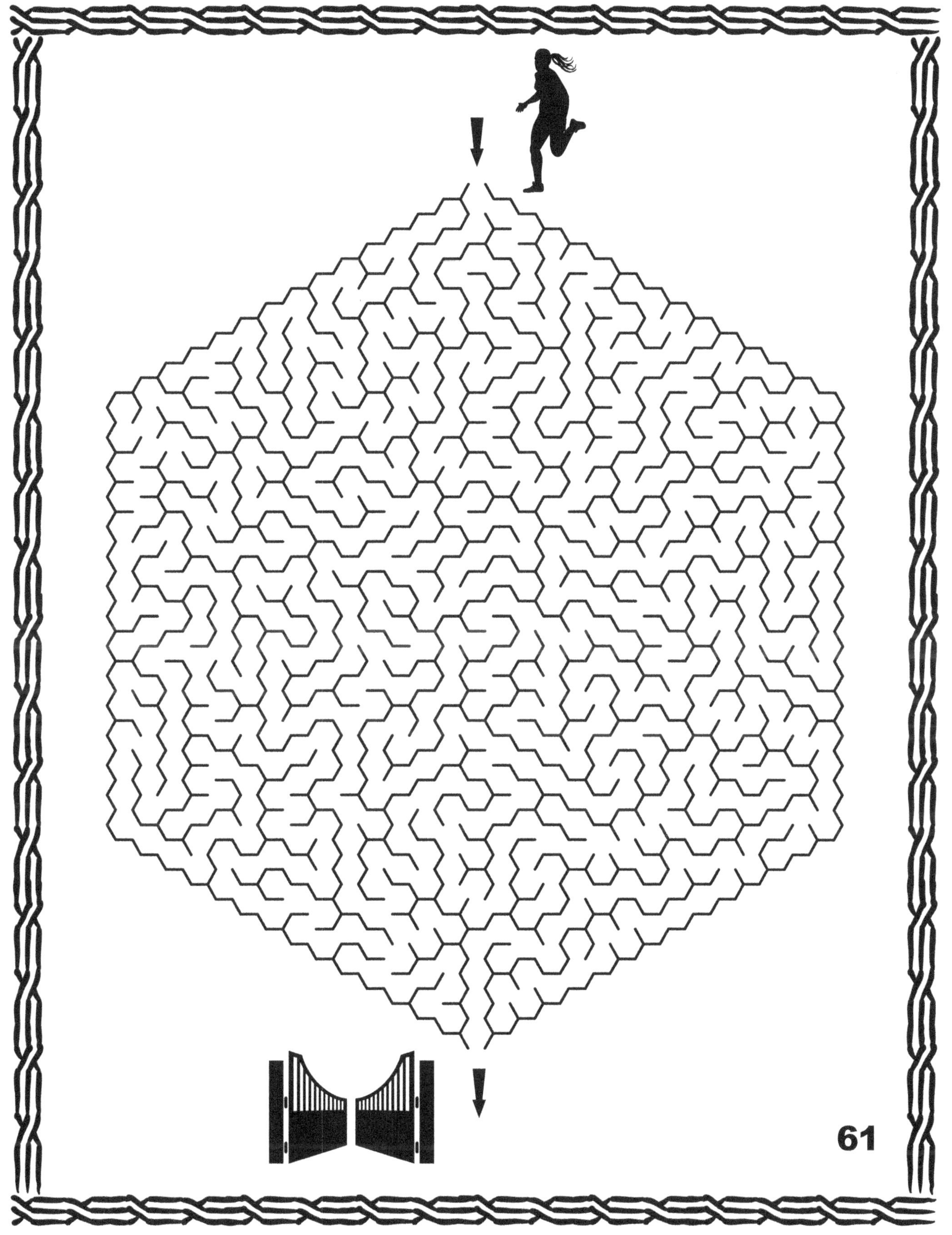

61

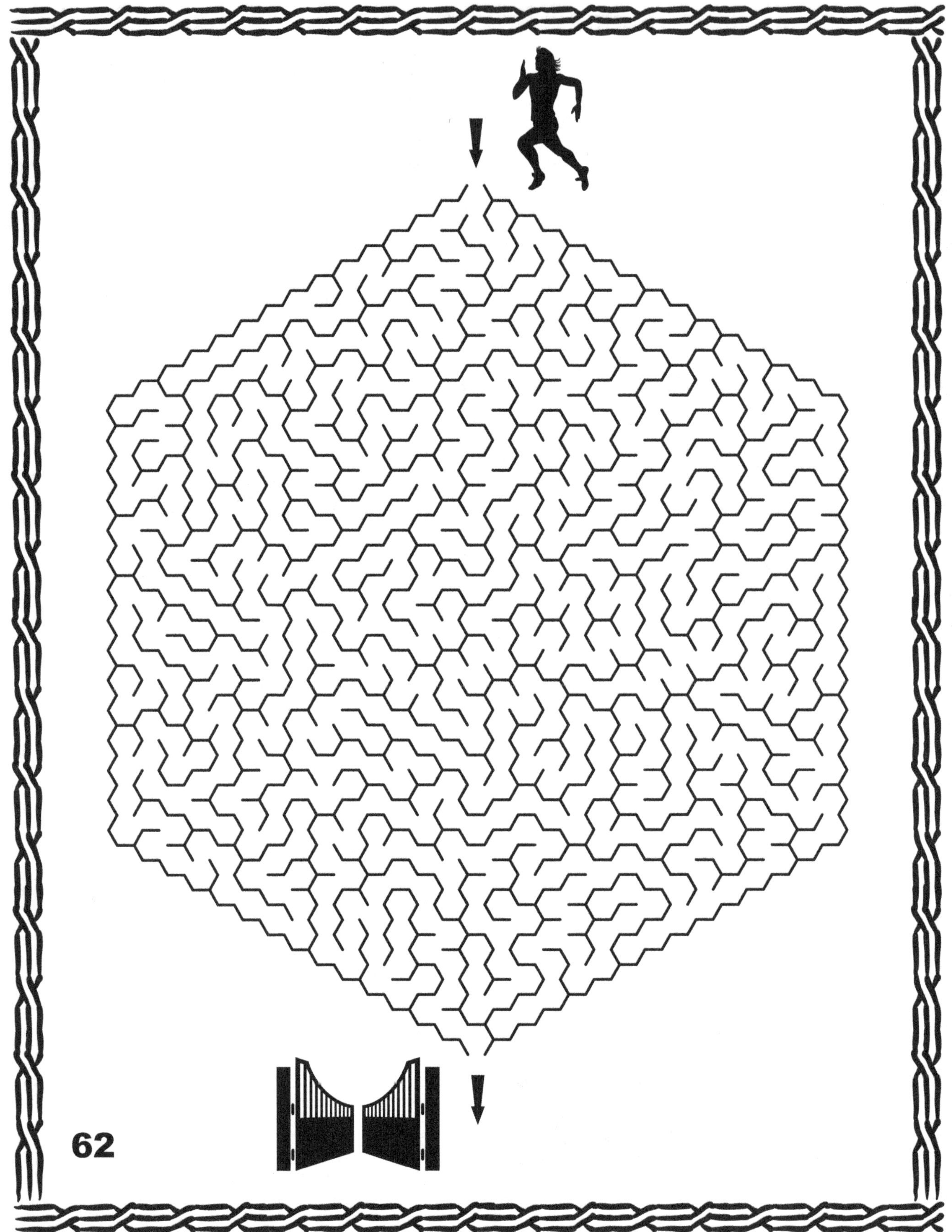

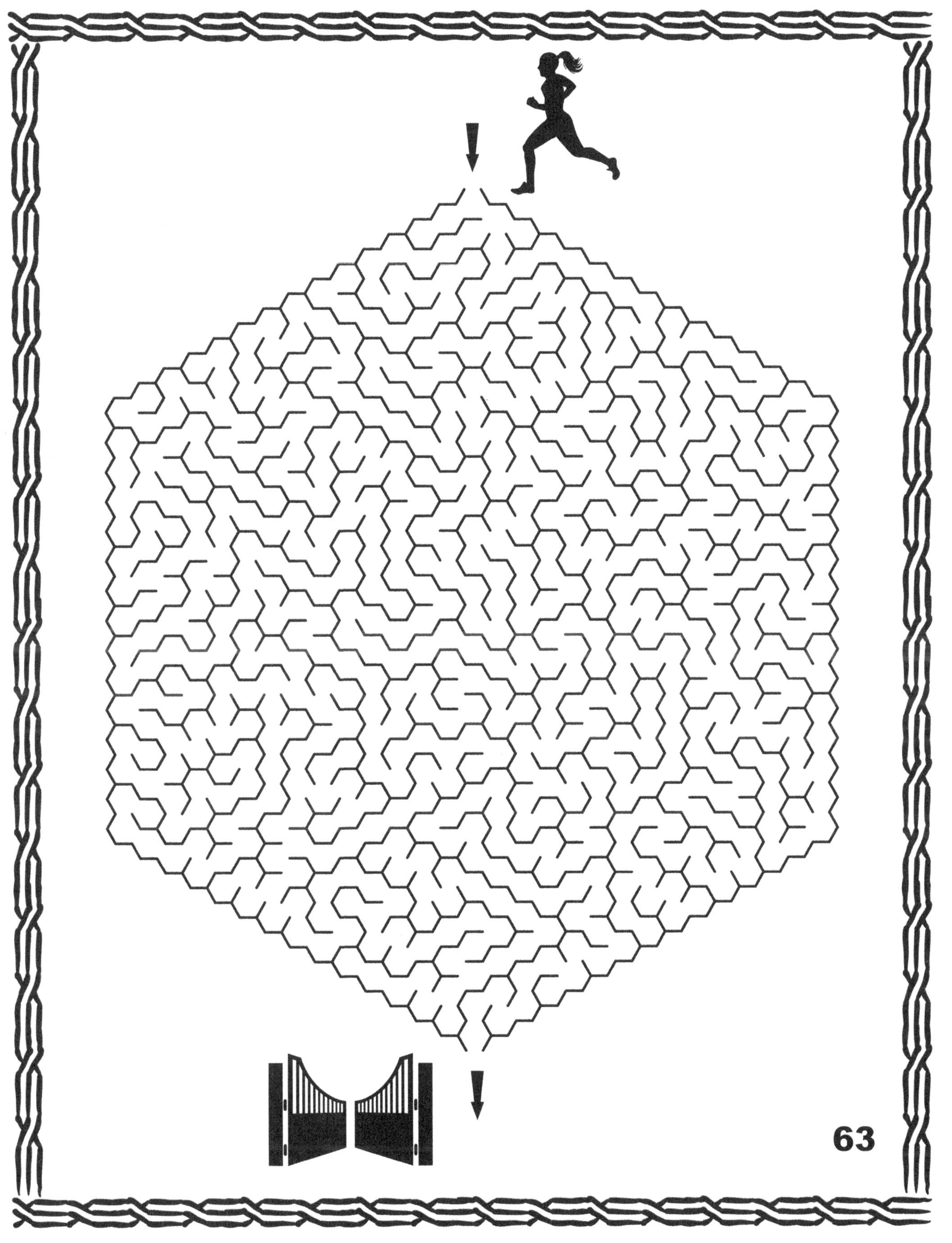

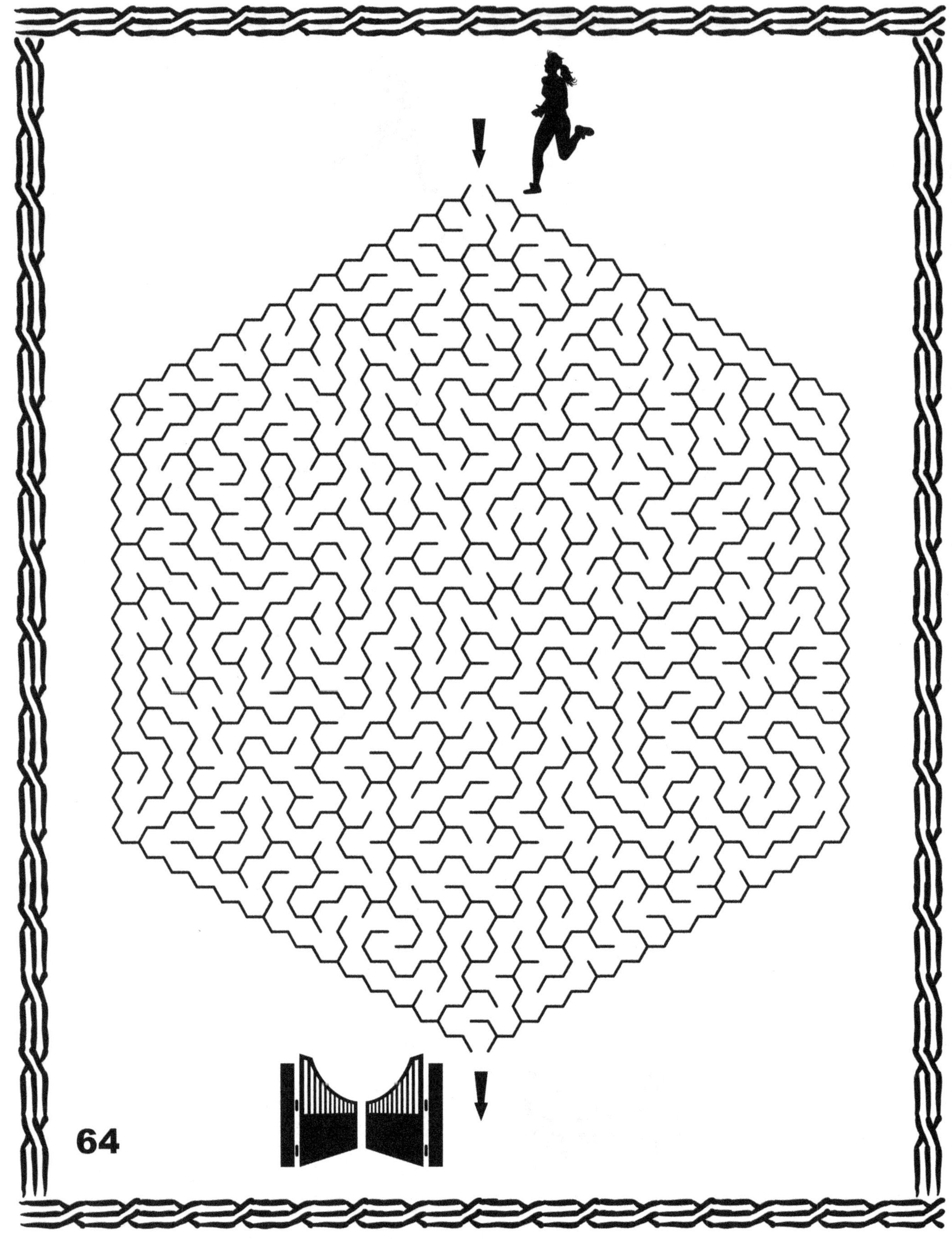

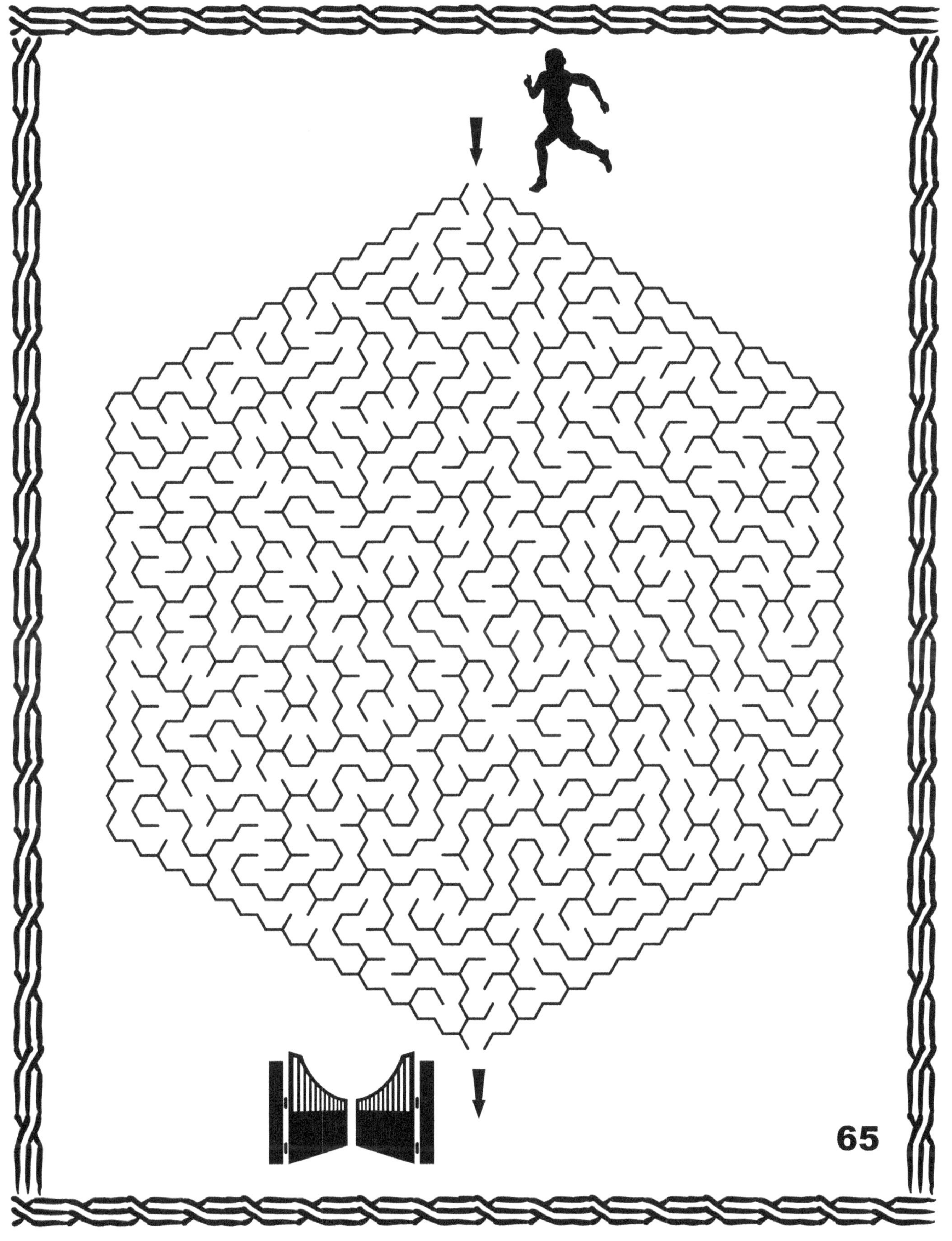

65

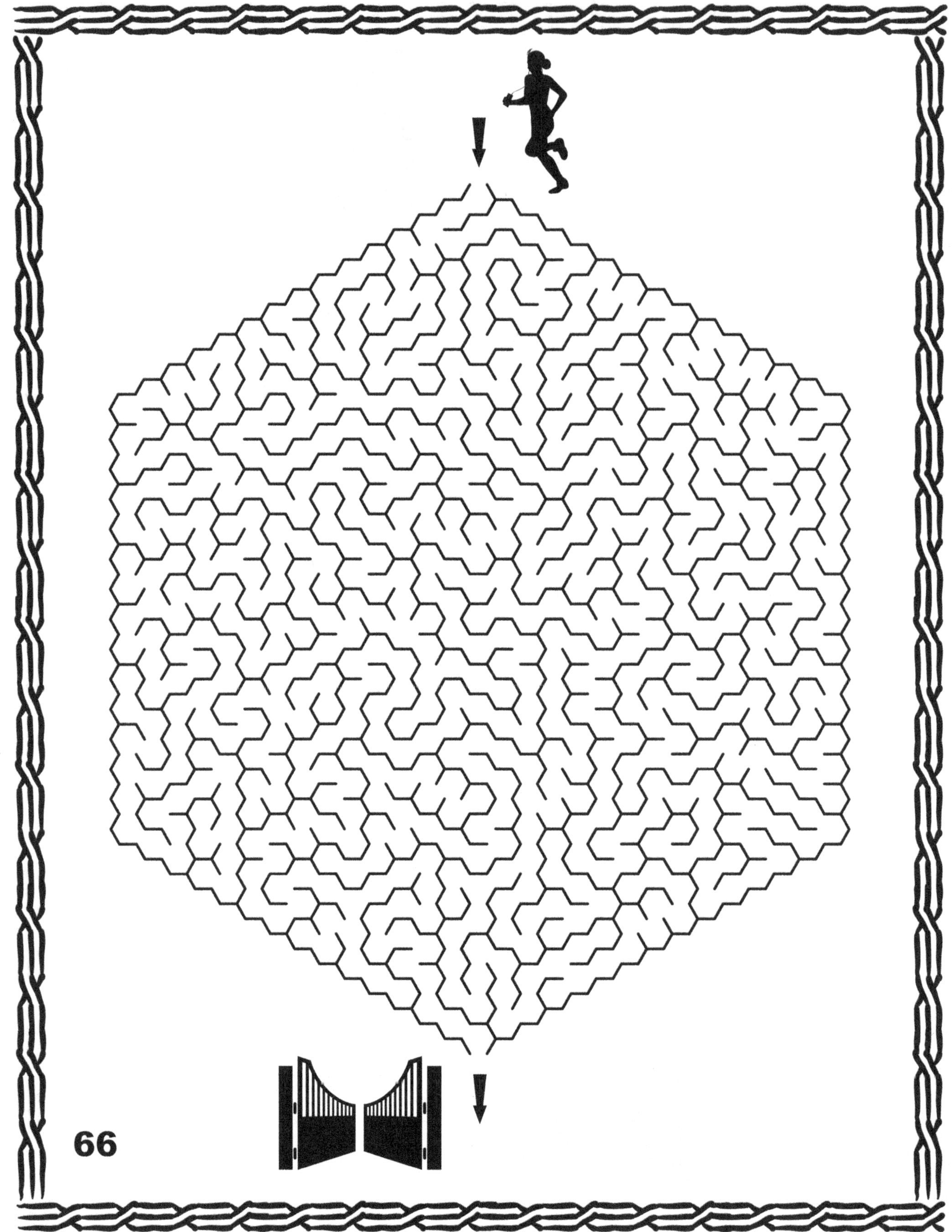

66

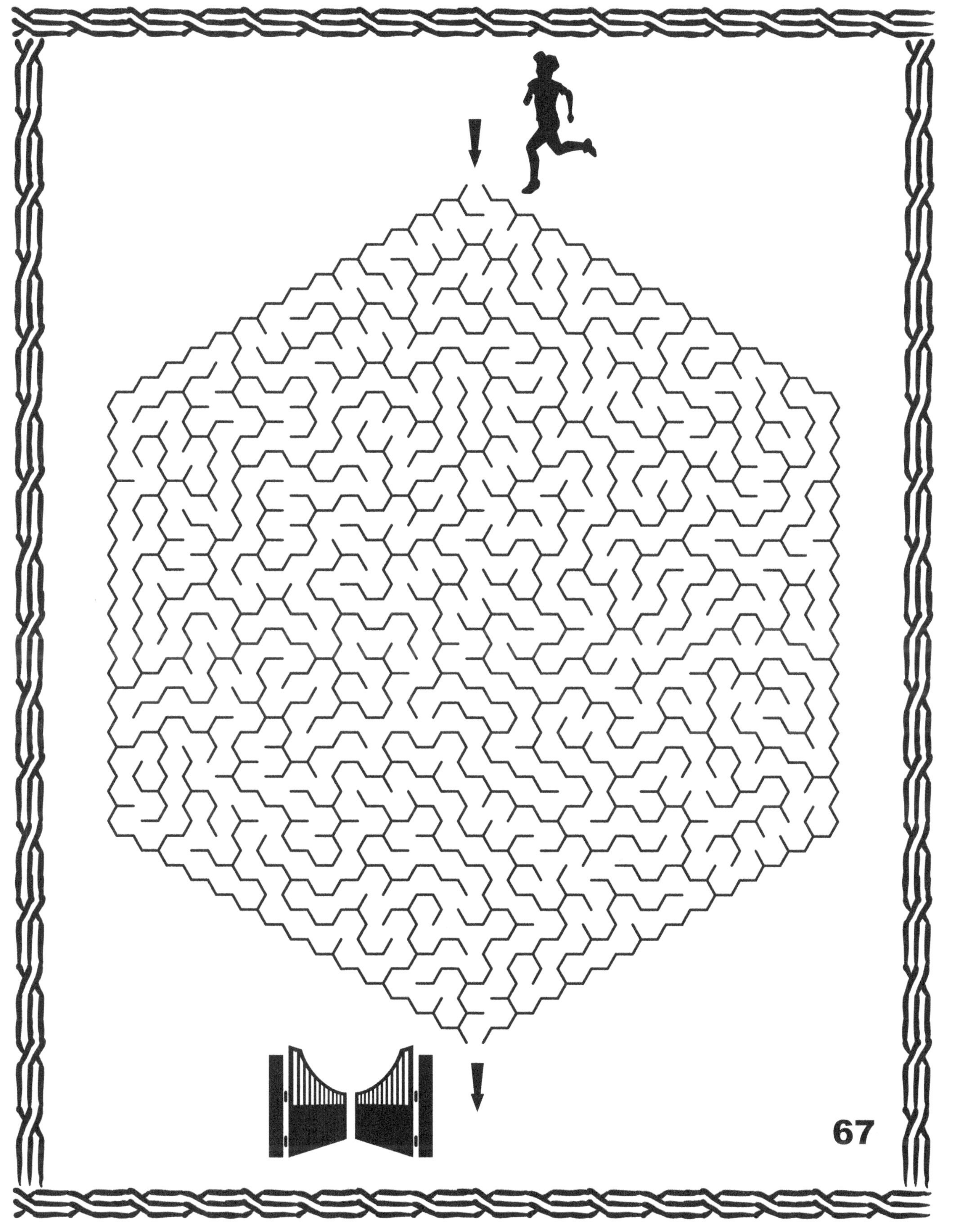

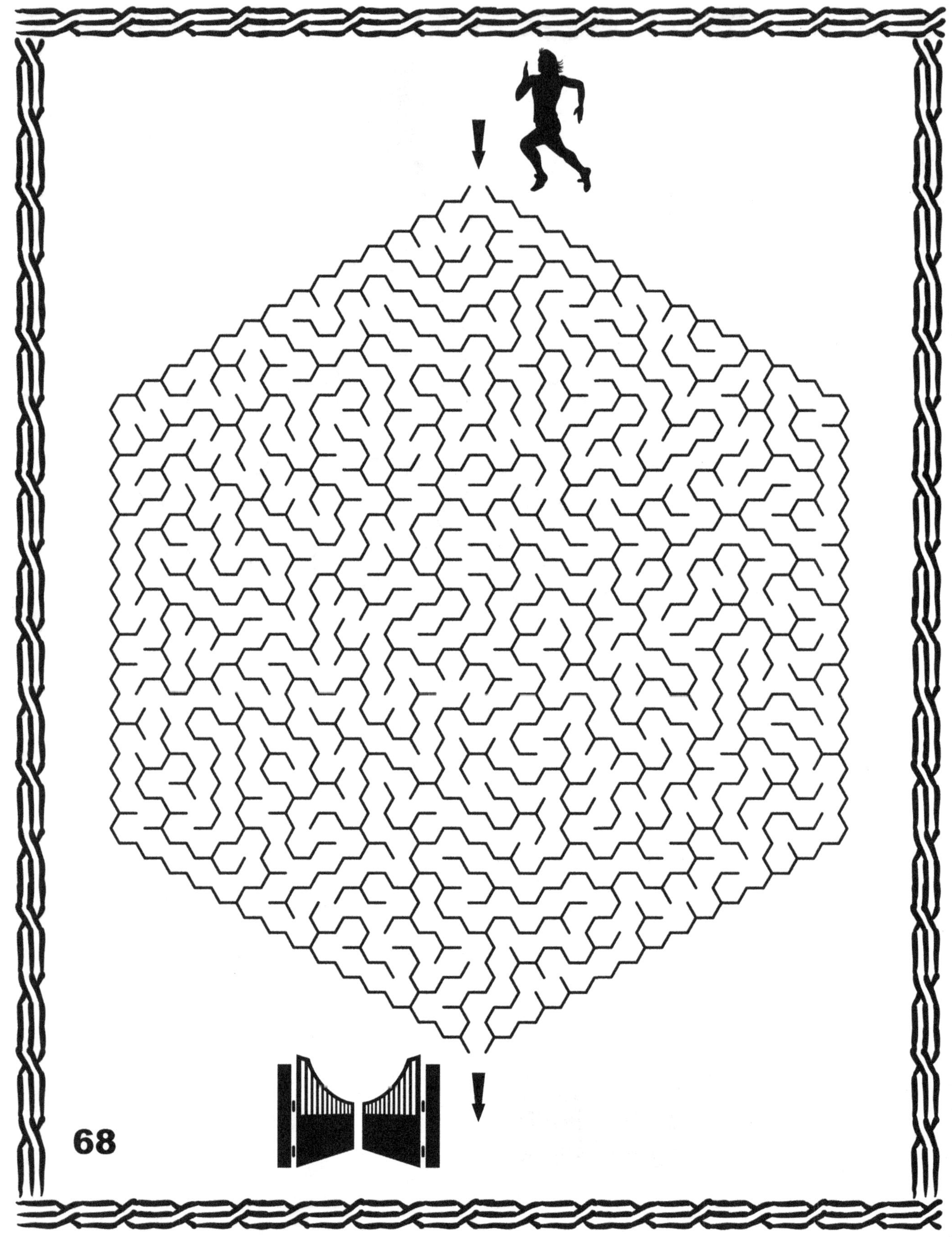

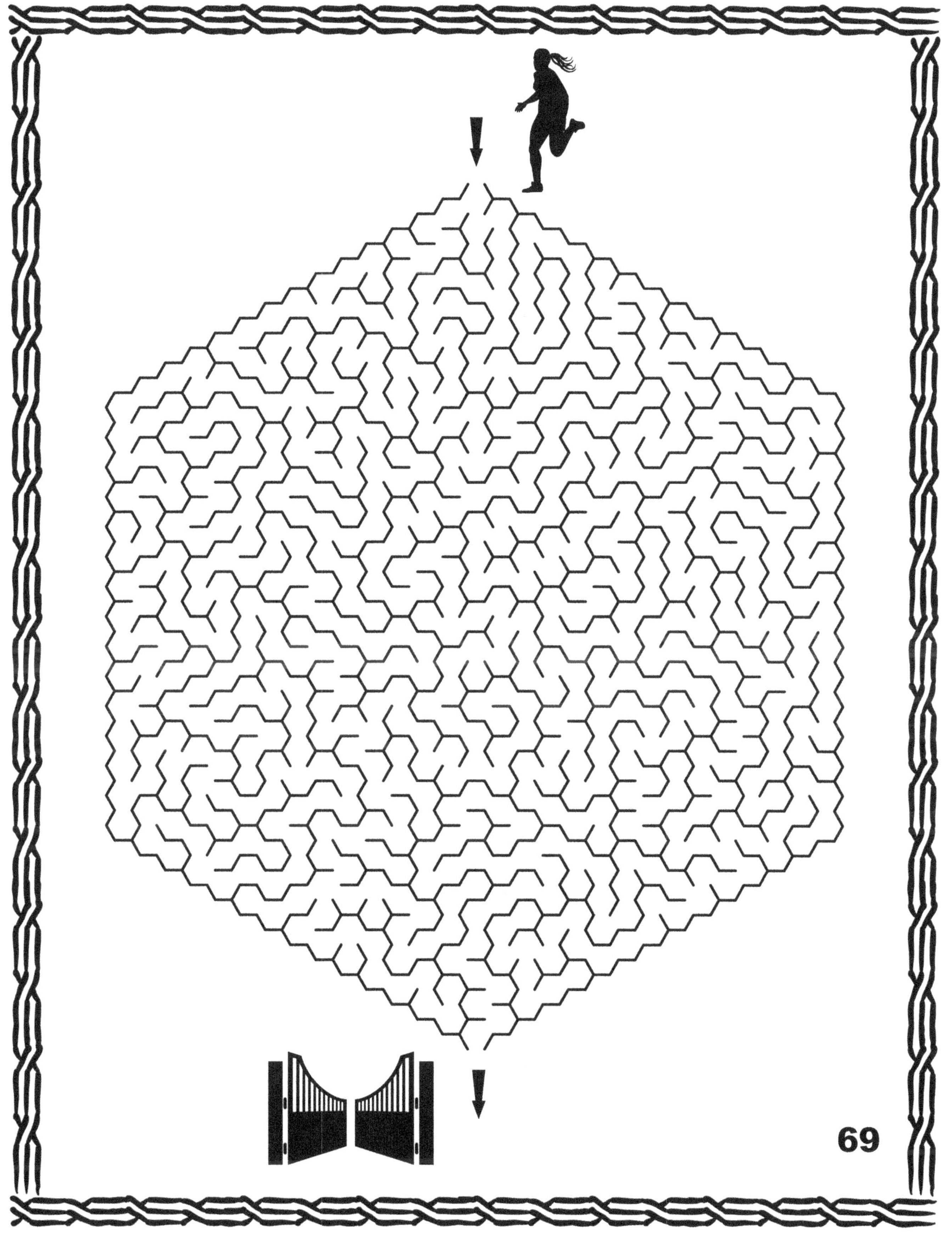

69

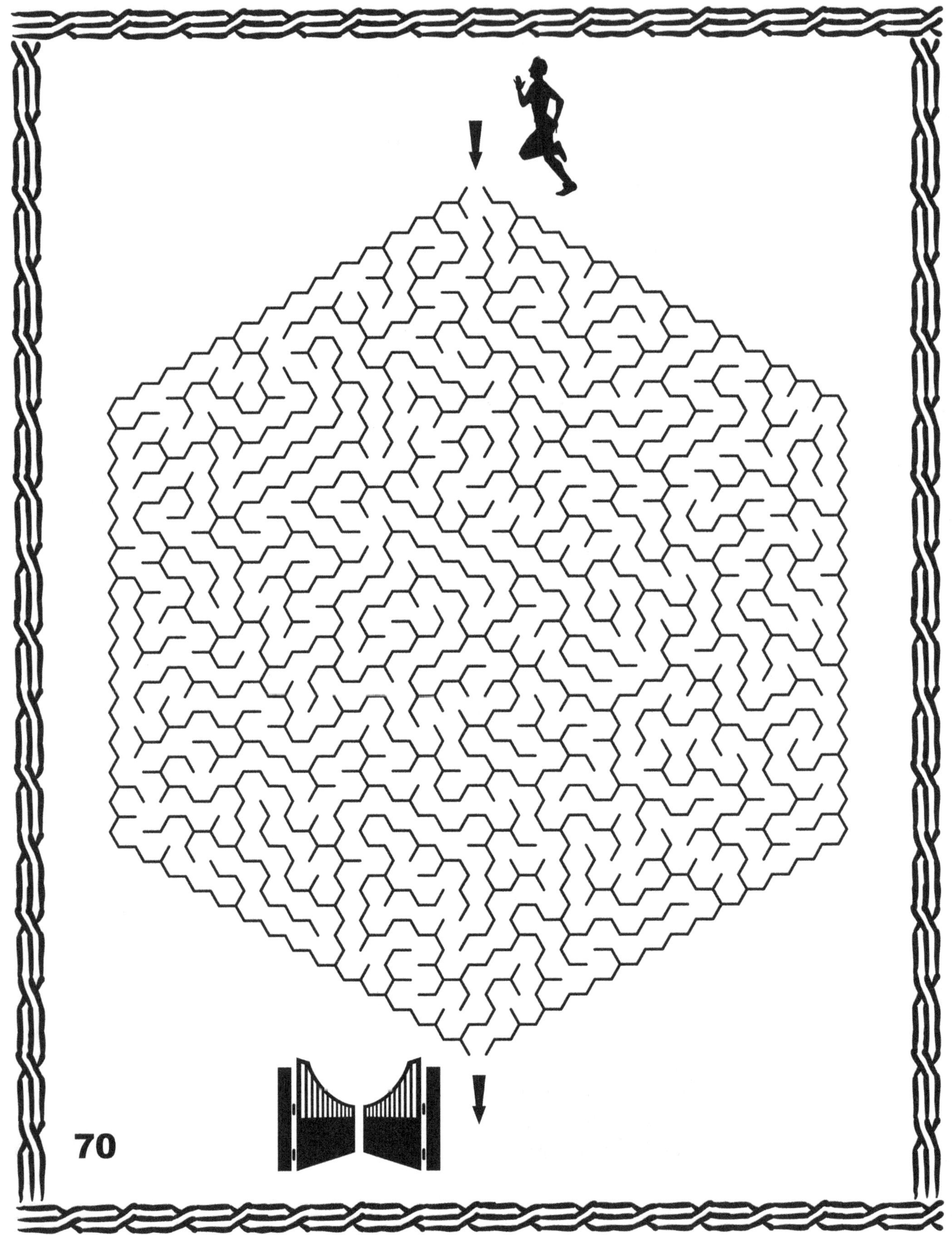

70

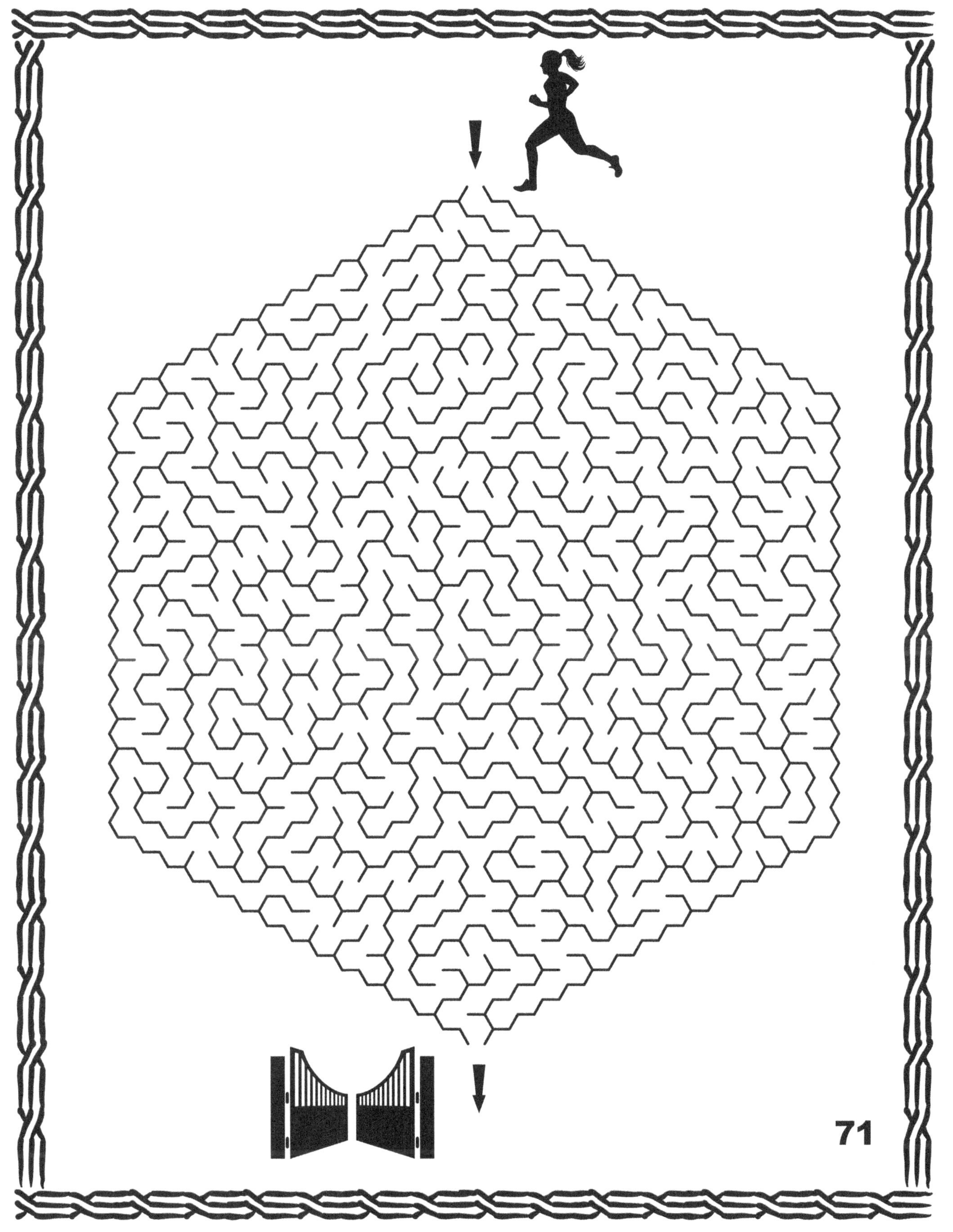

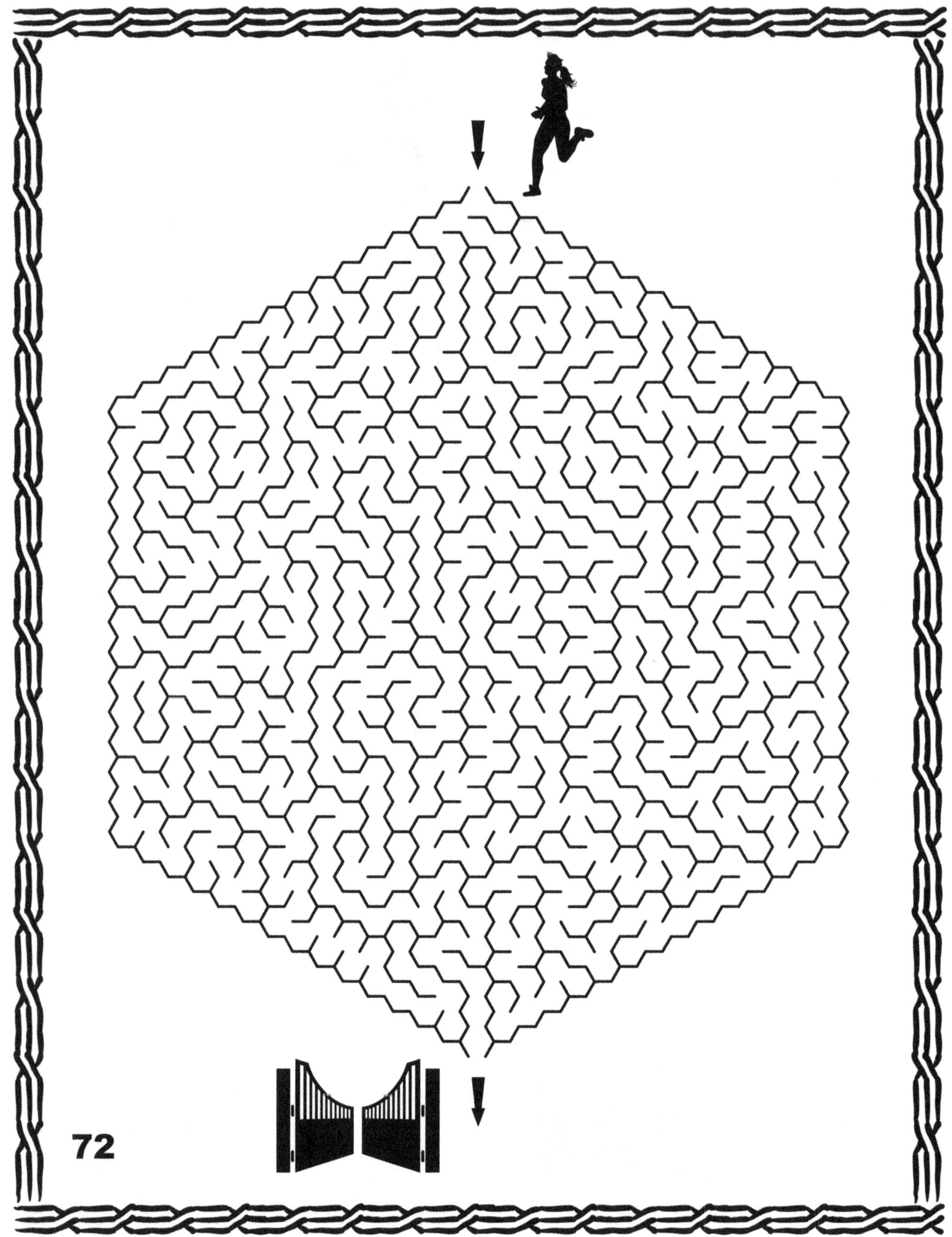

72

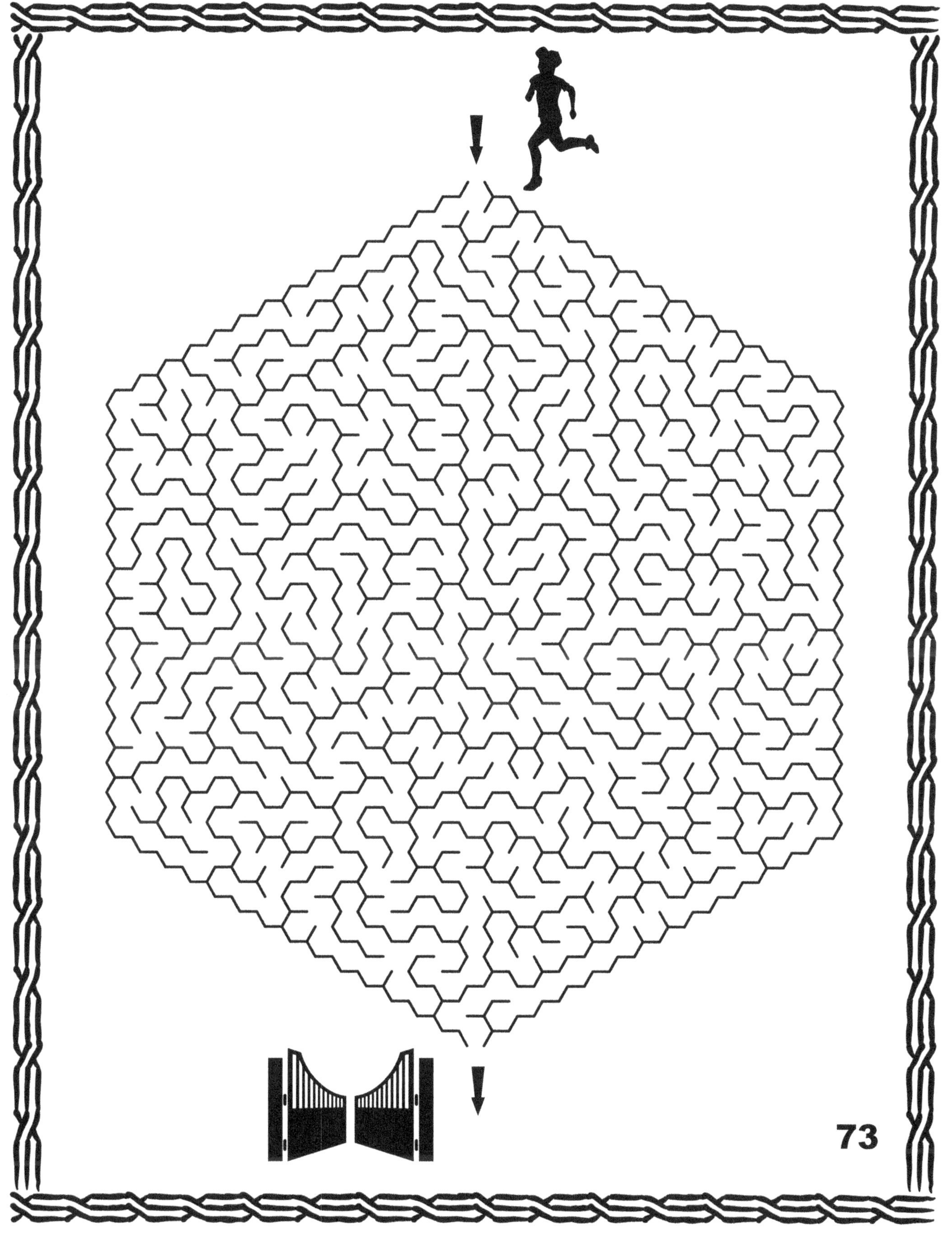

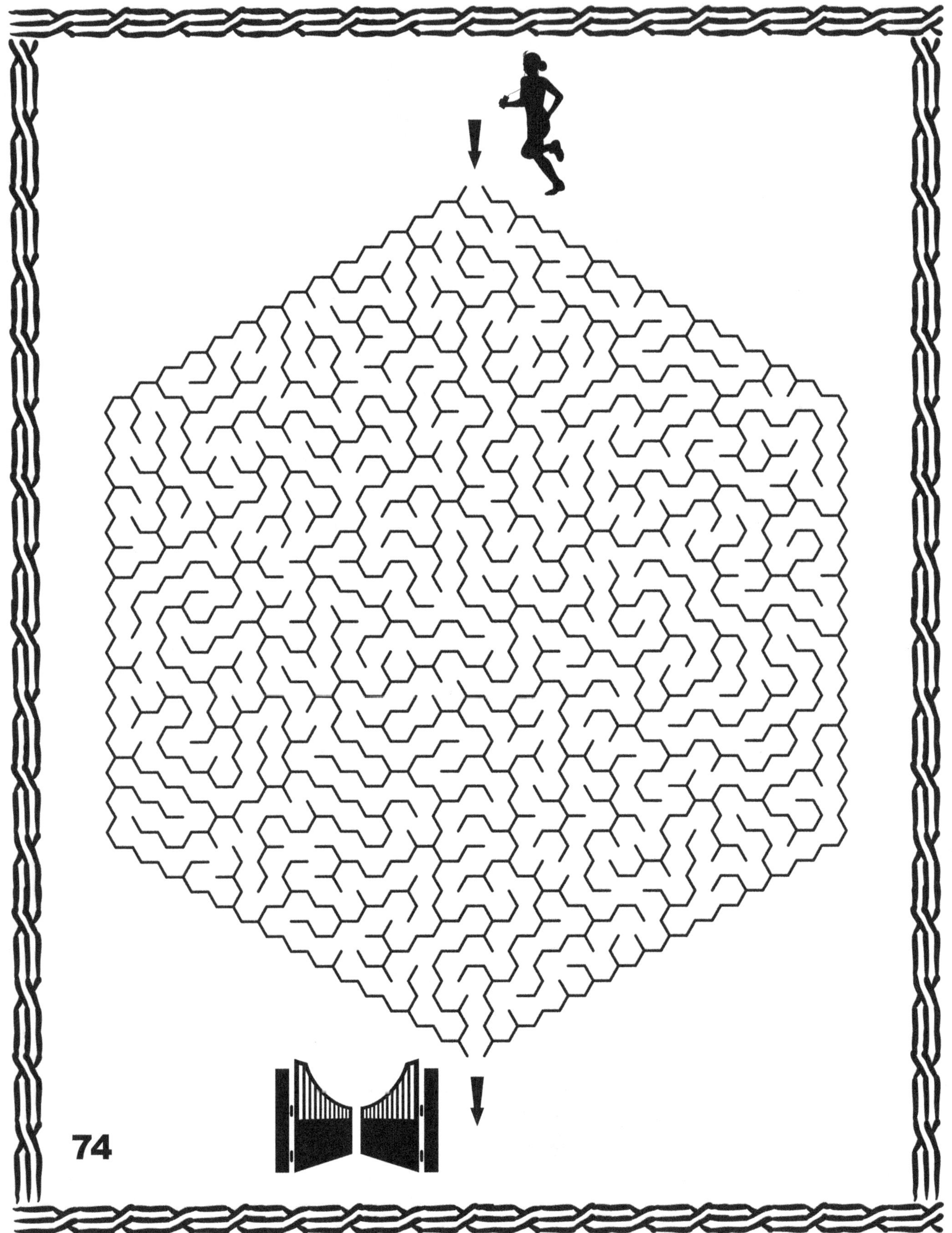

74

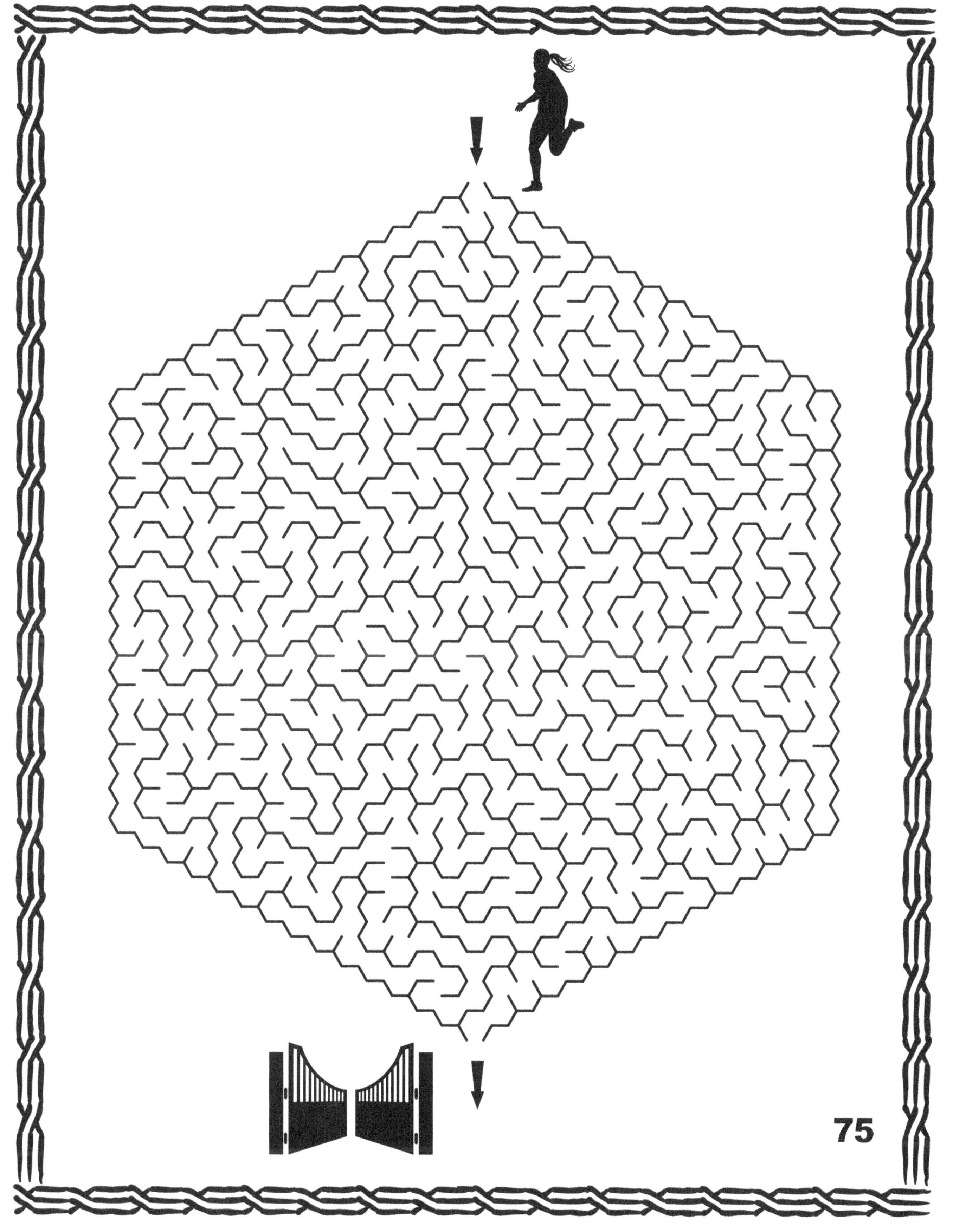

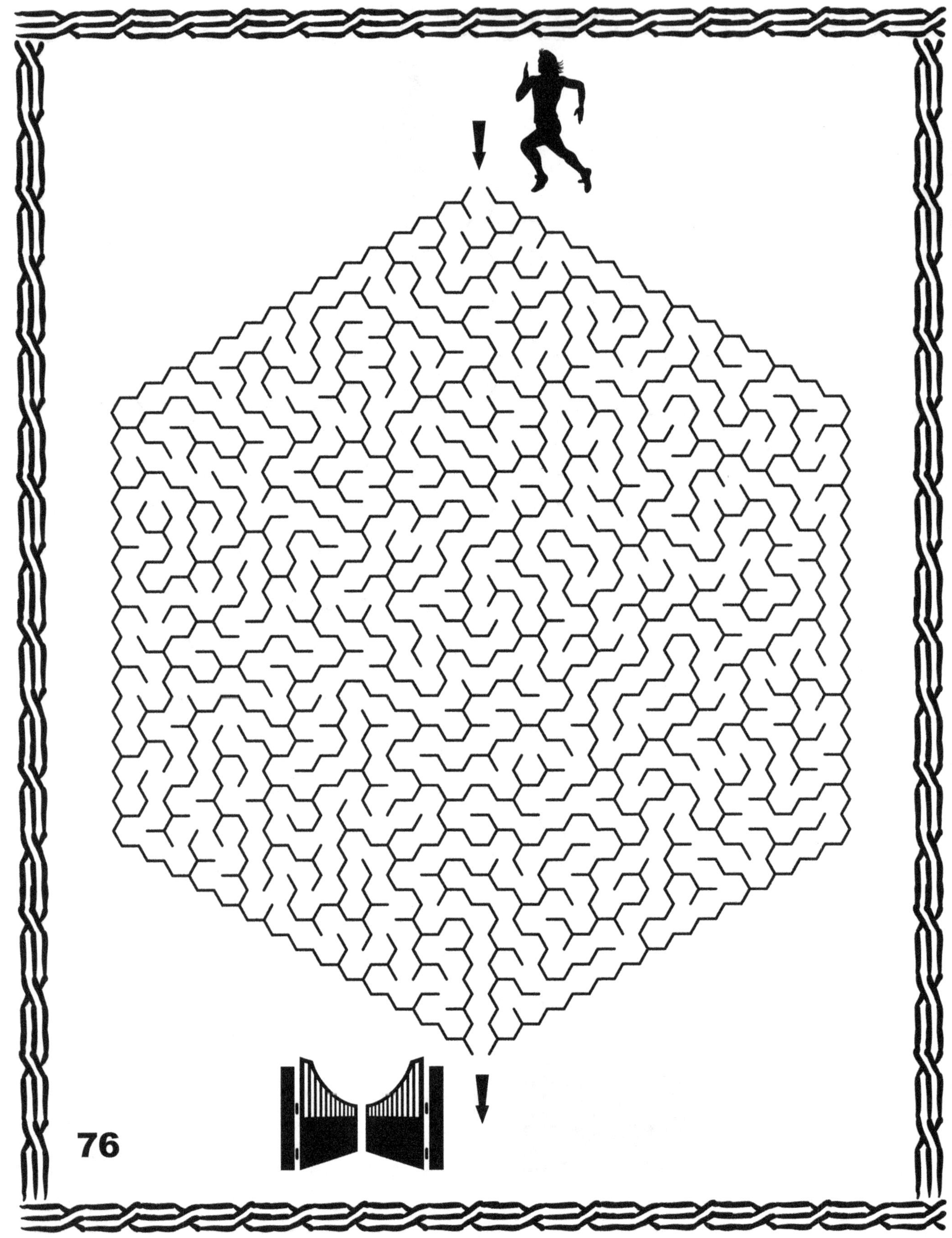

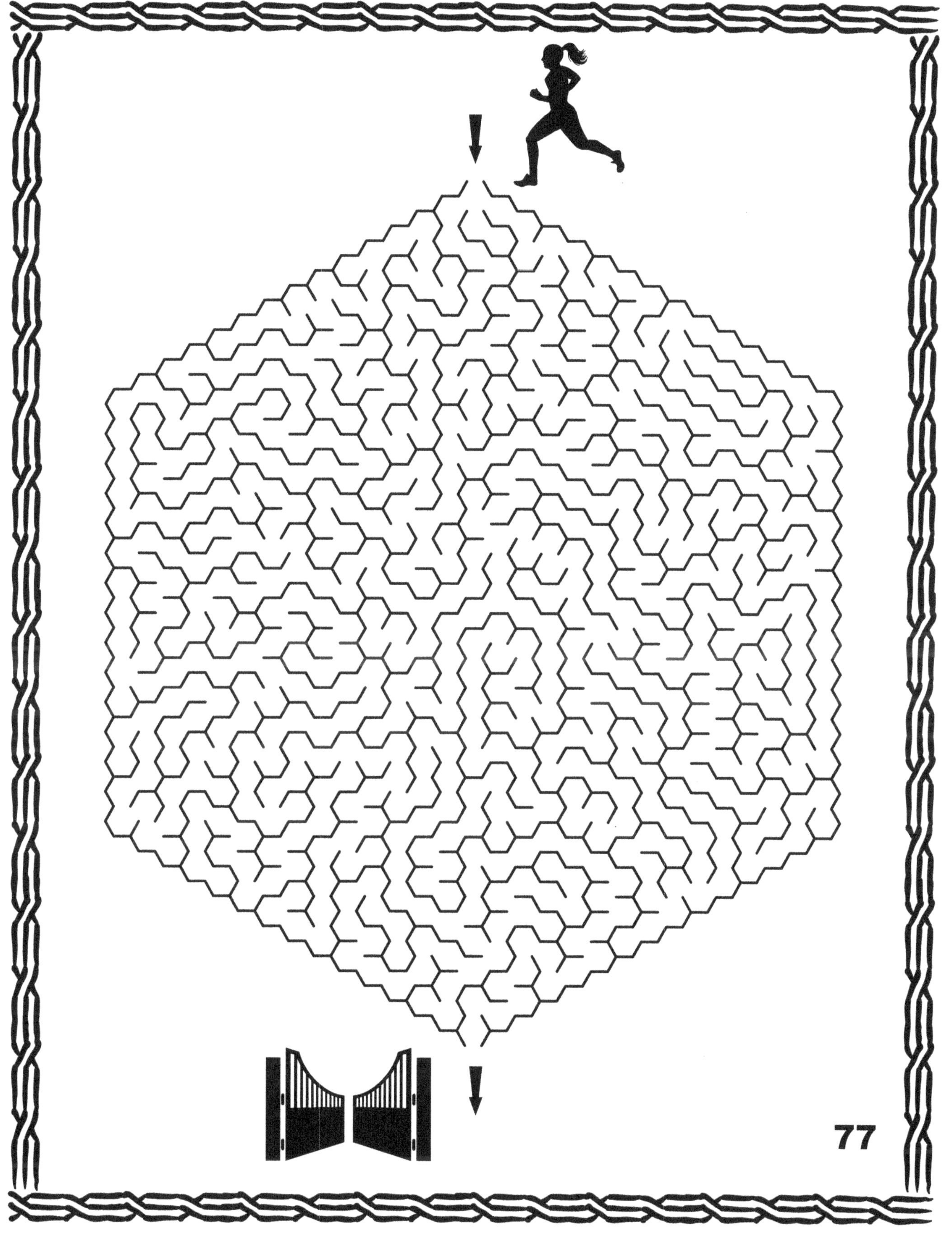

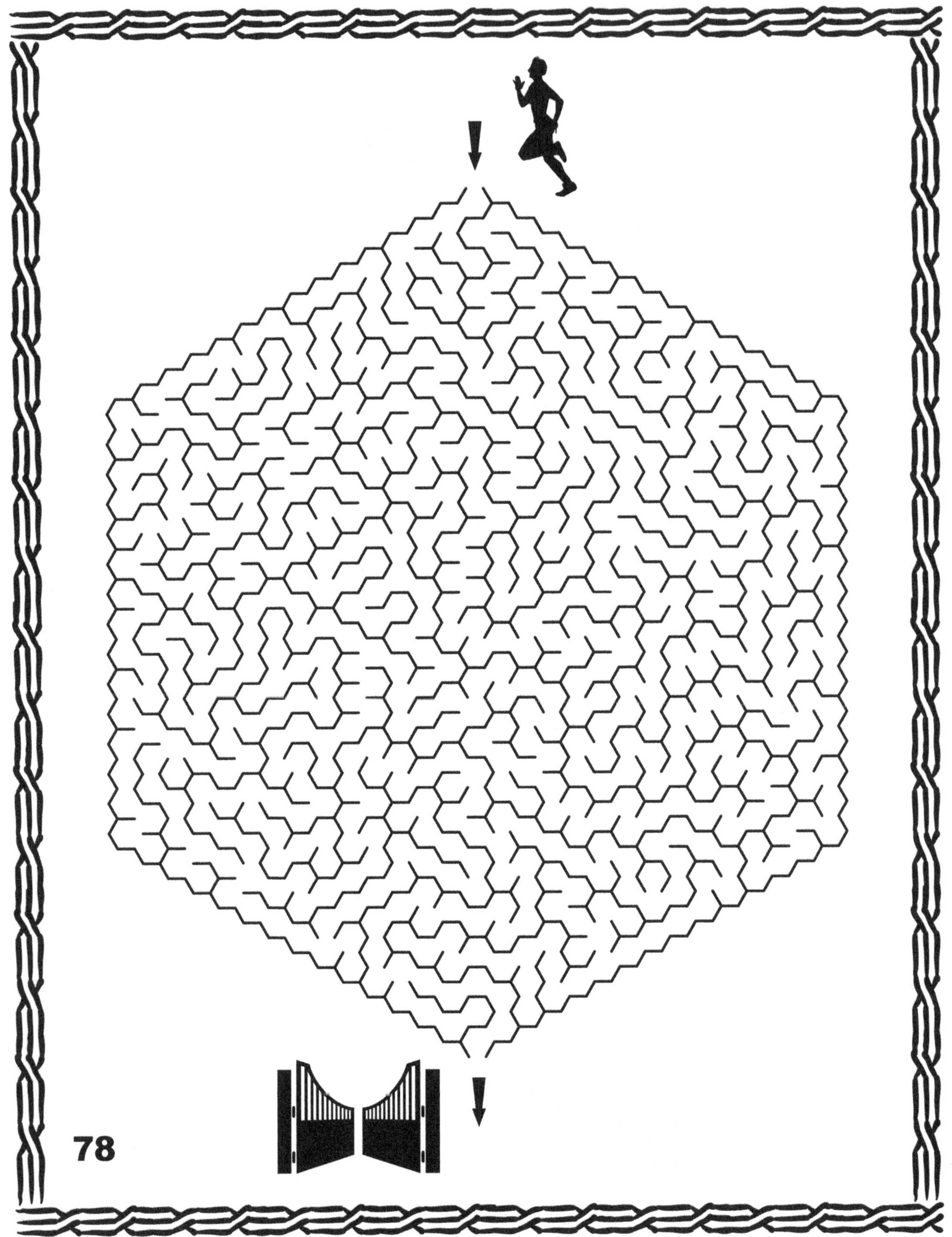

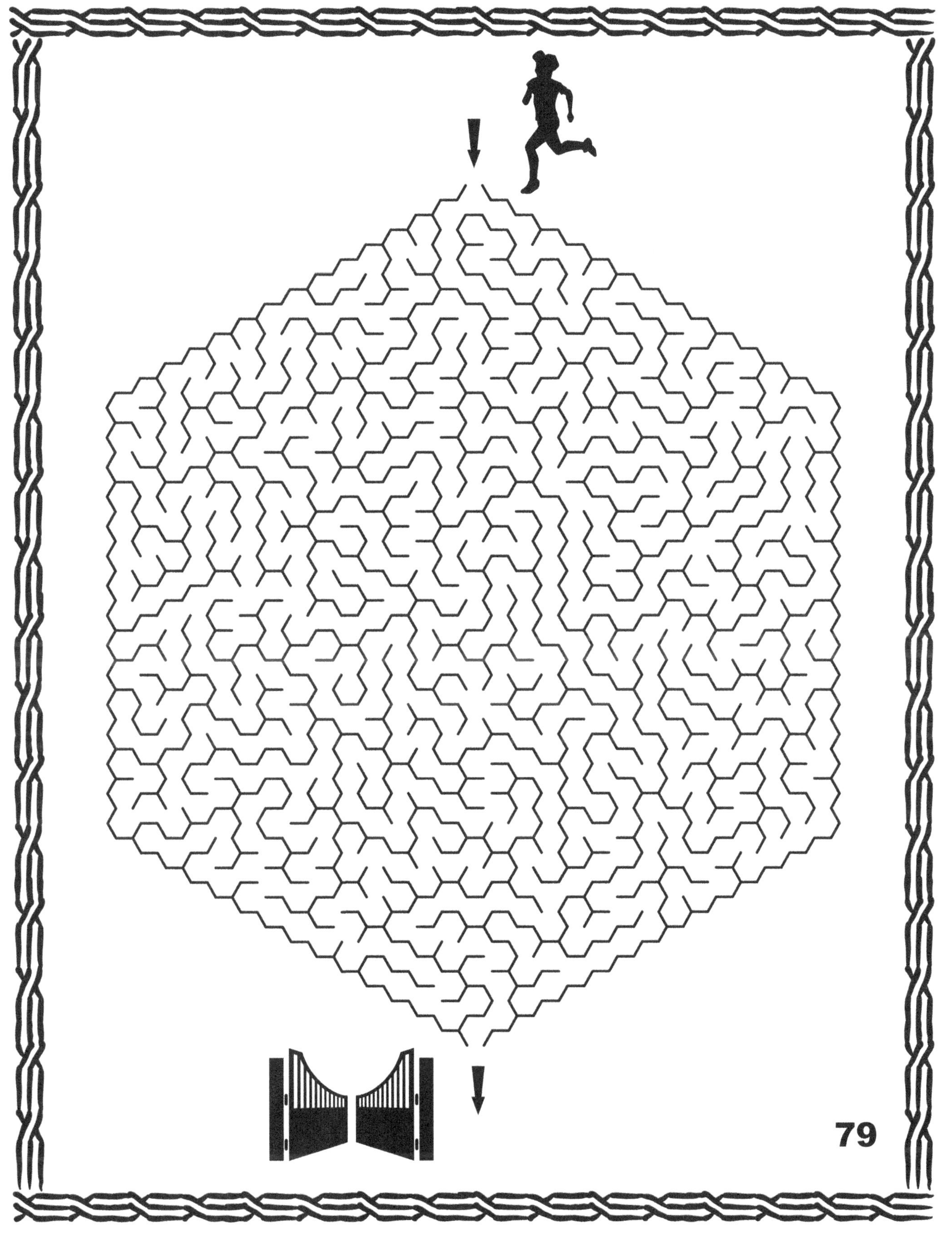

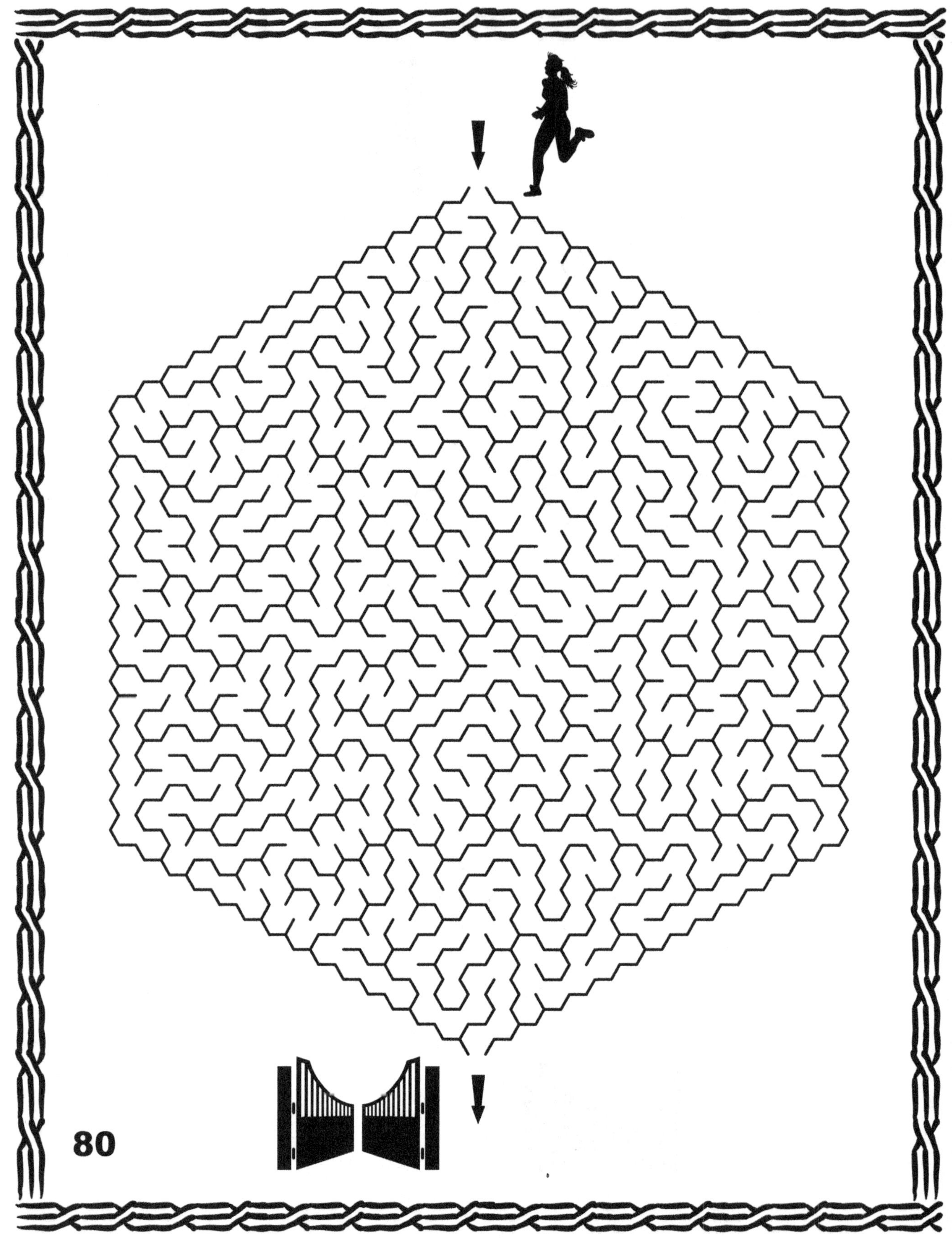

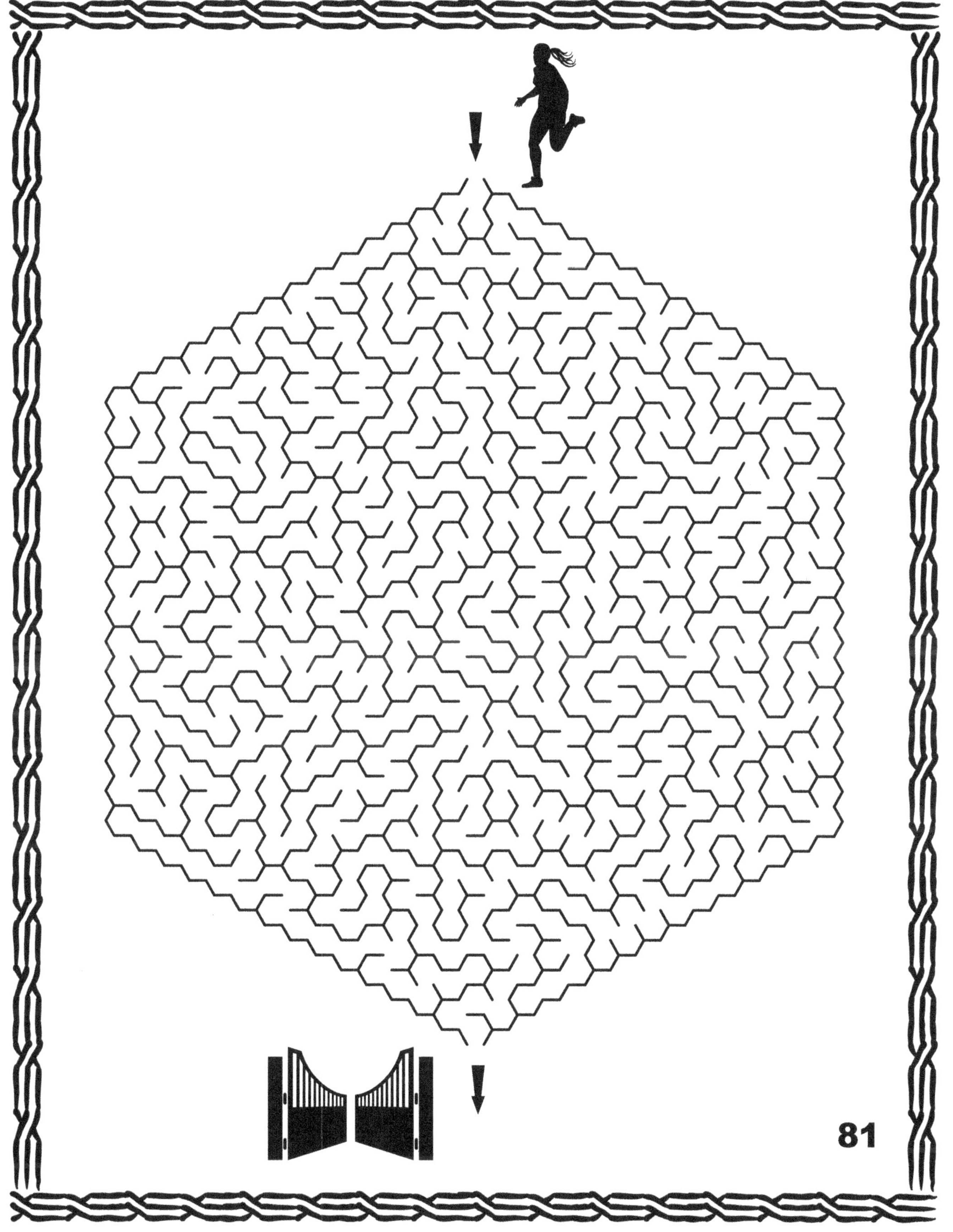

81

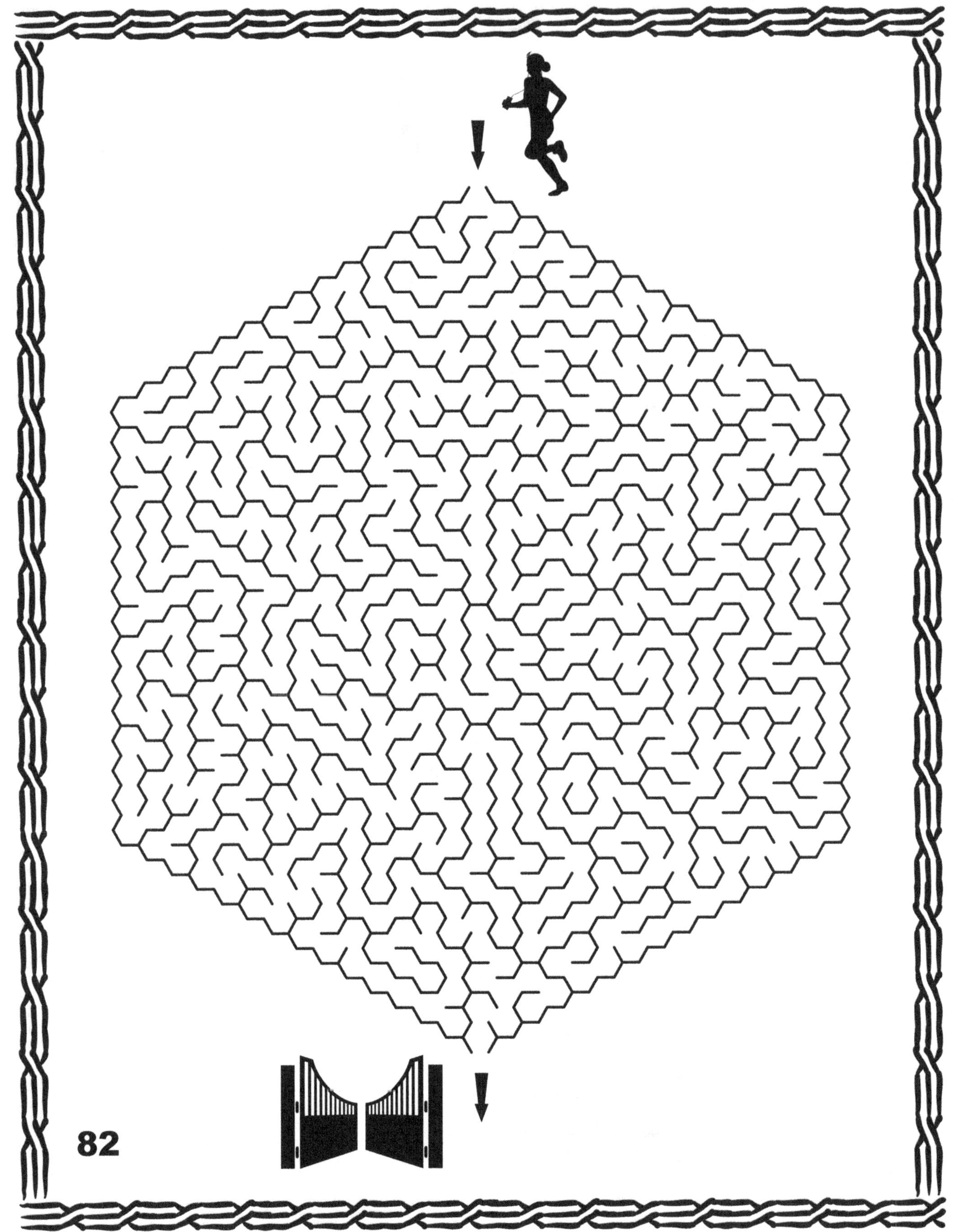

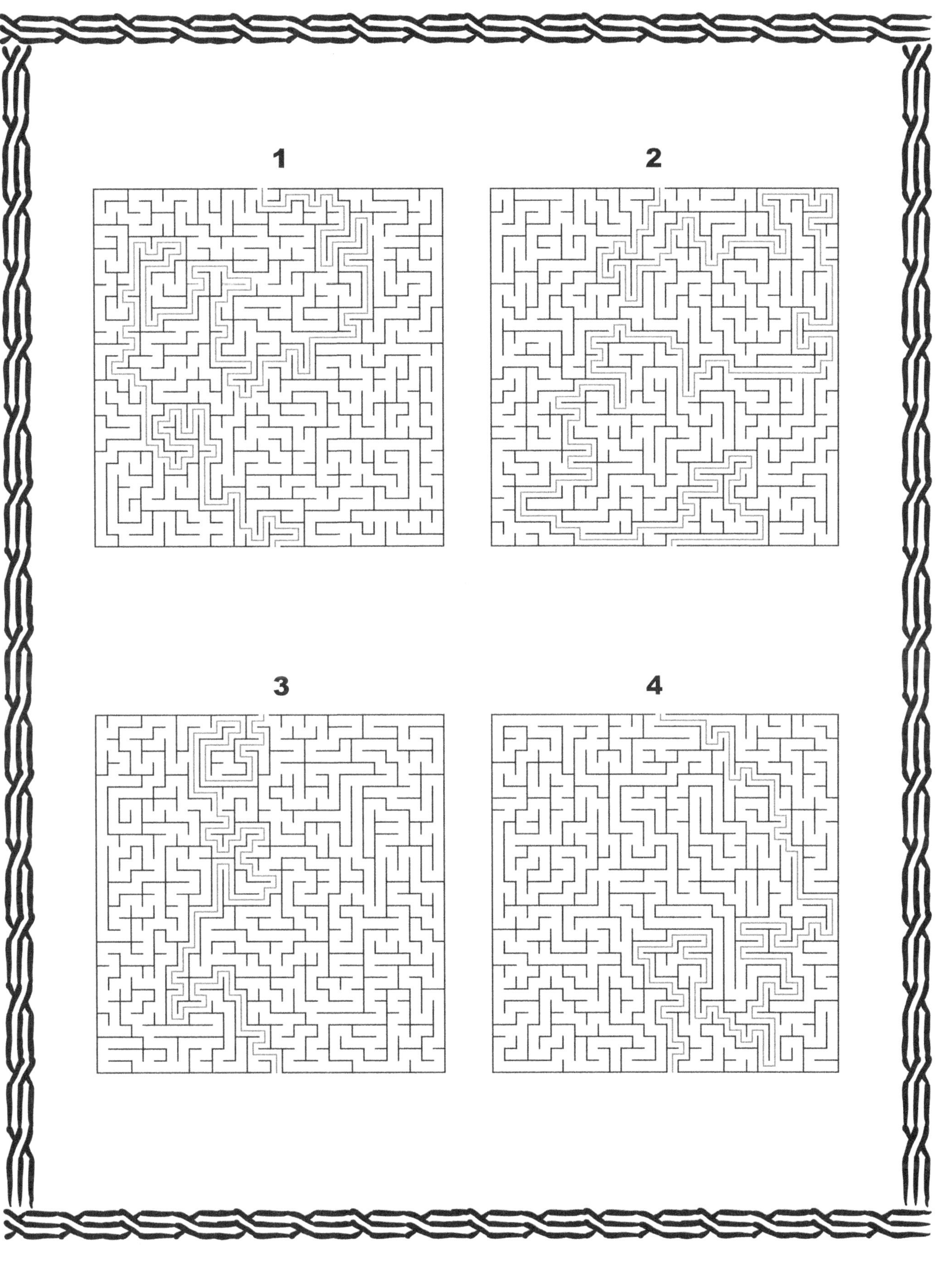

1
2
3
4

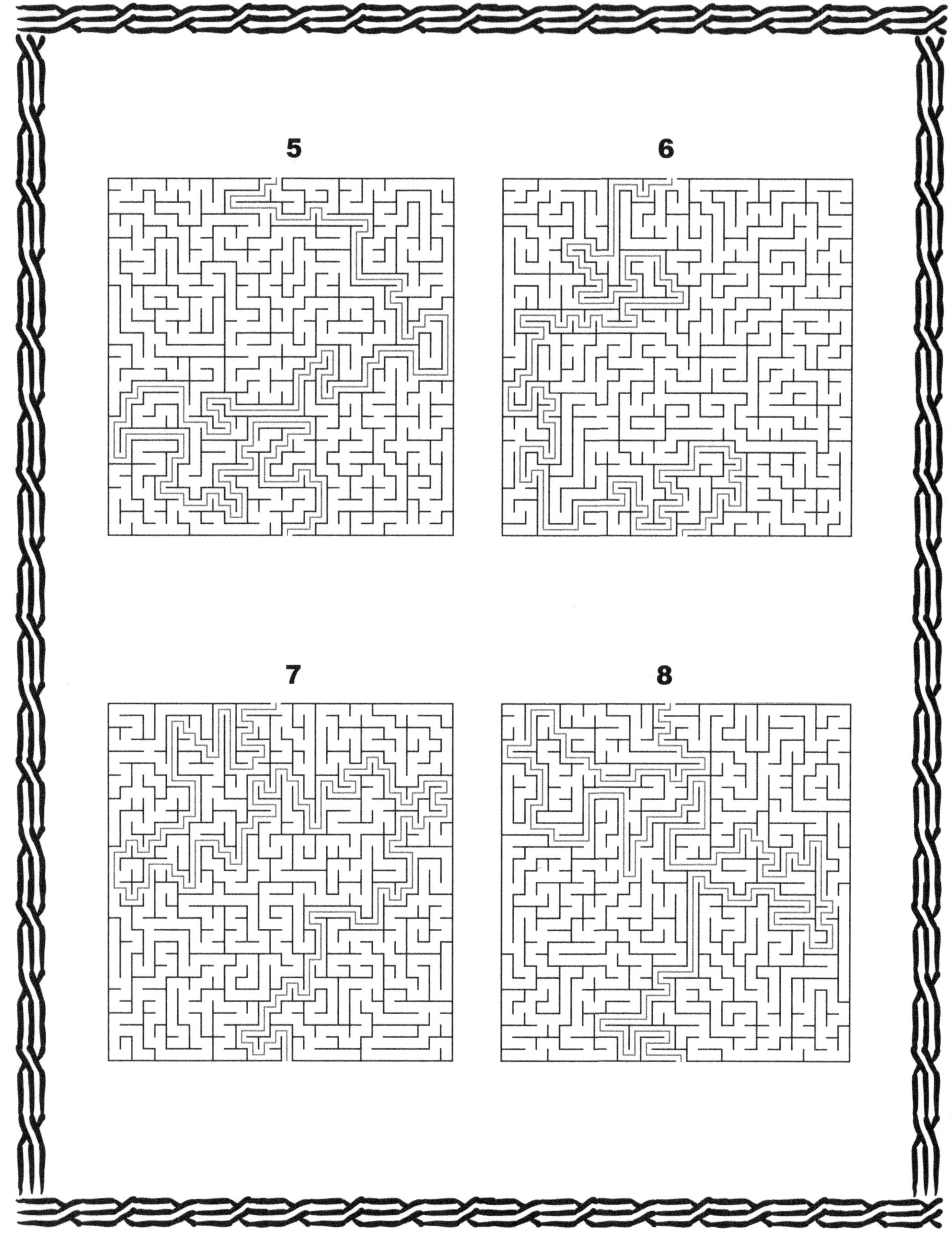

5

6

7

8

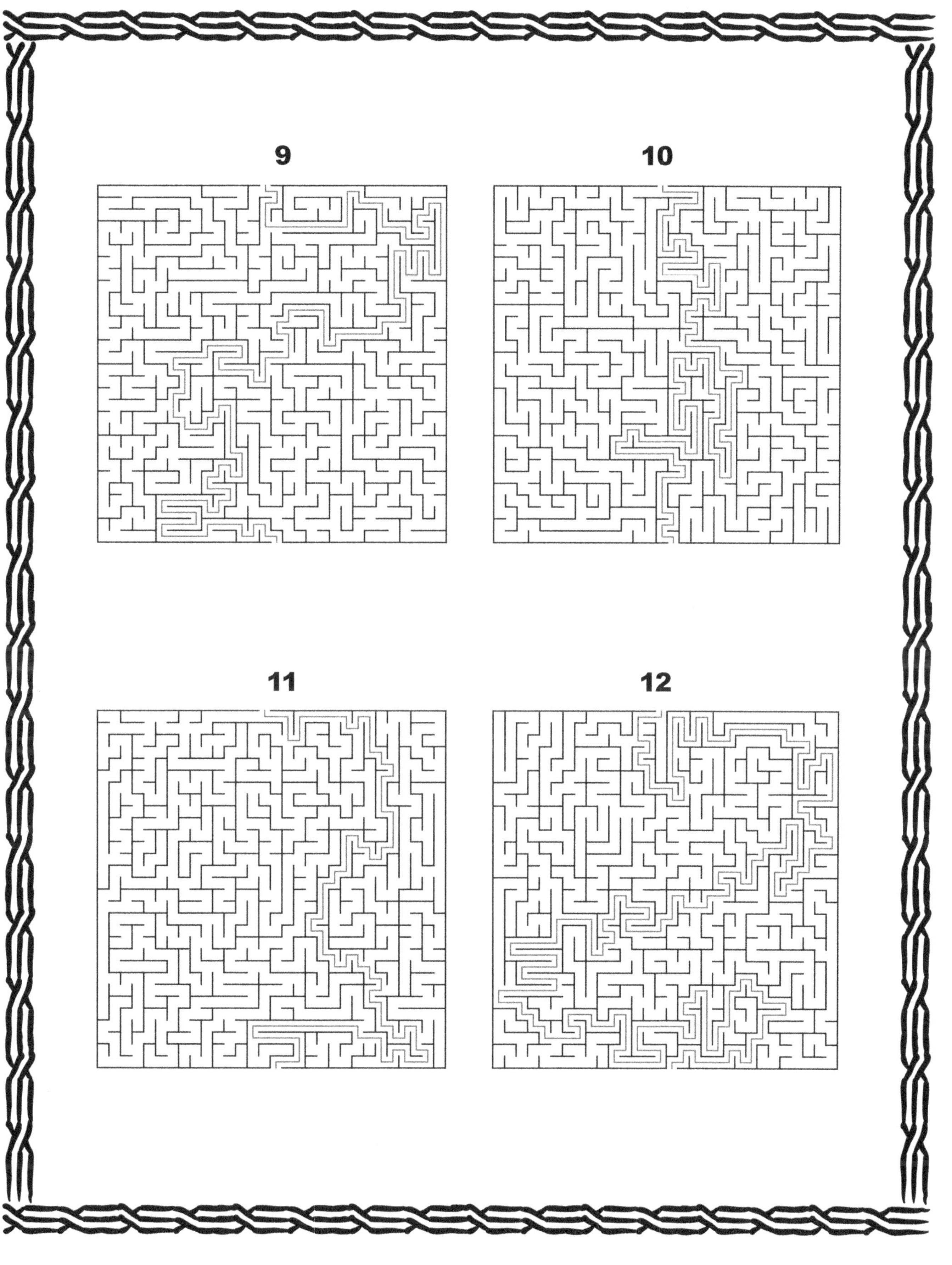

9
10
11
12

13

14

15

16

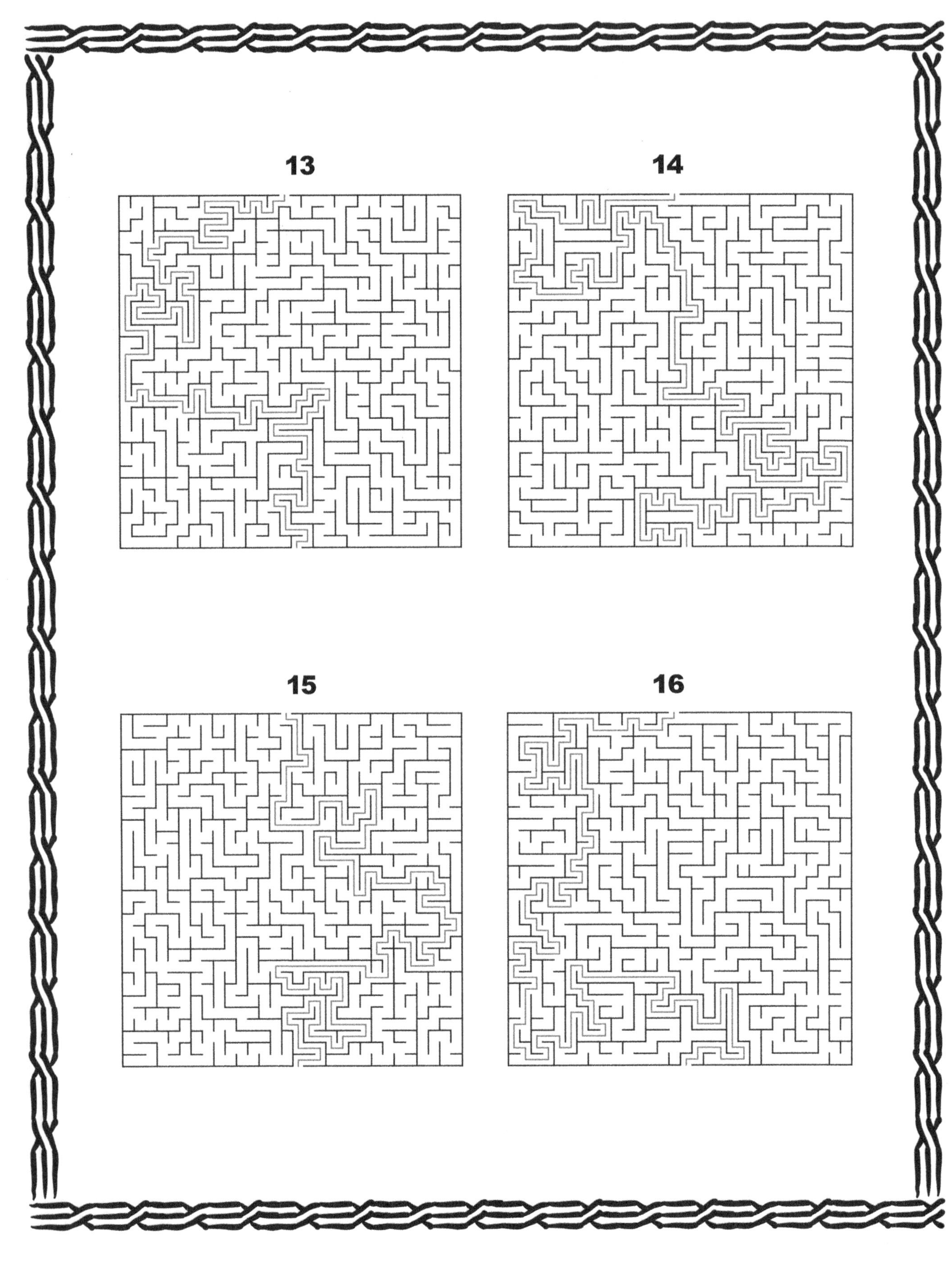

17

18

19

20

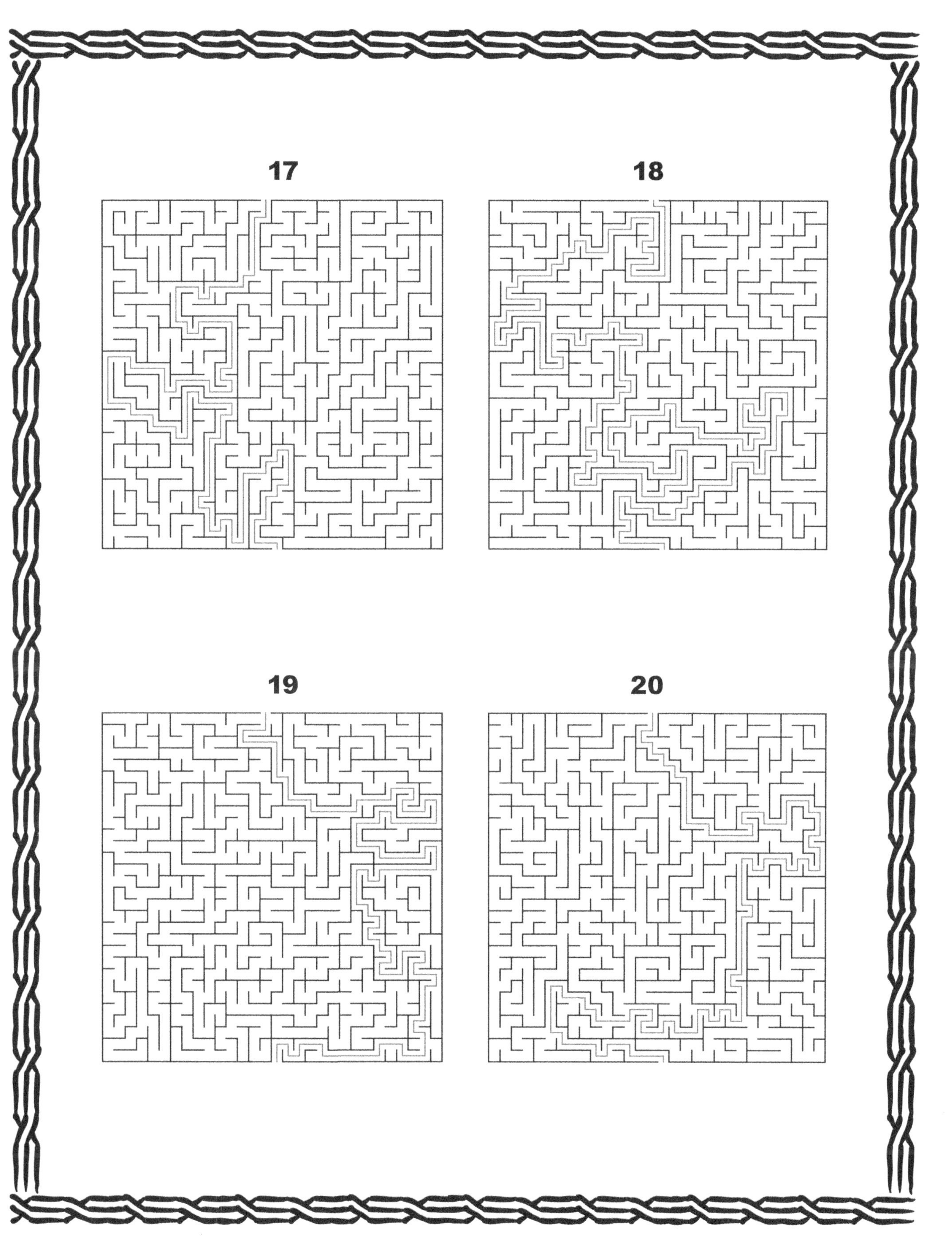

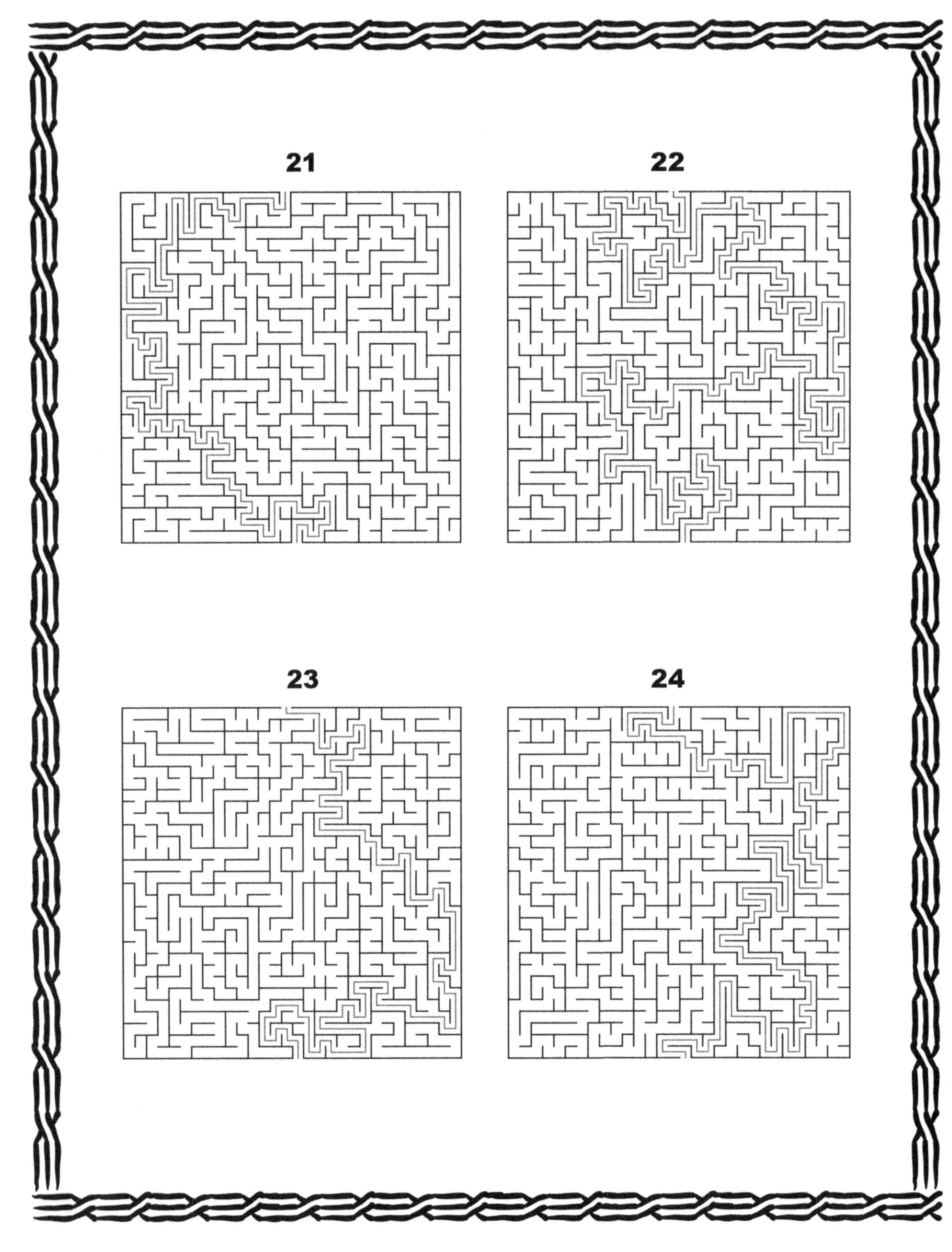
21
22
23
24

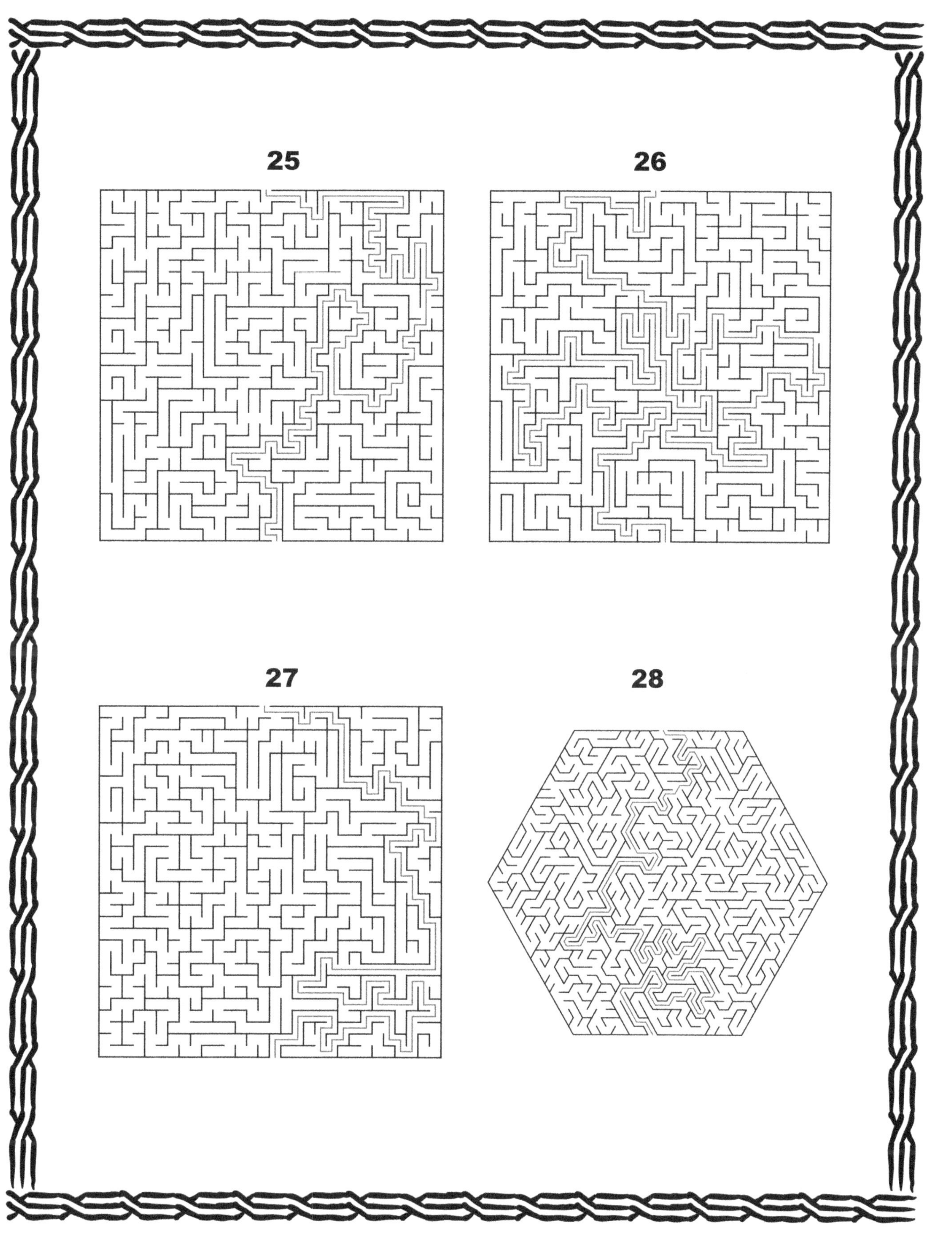

25

26

27

28

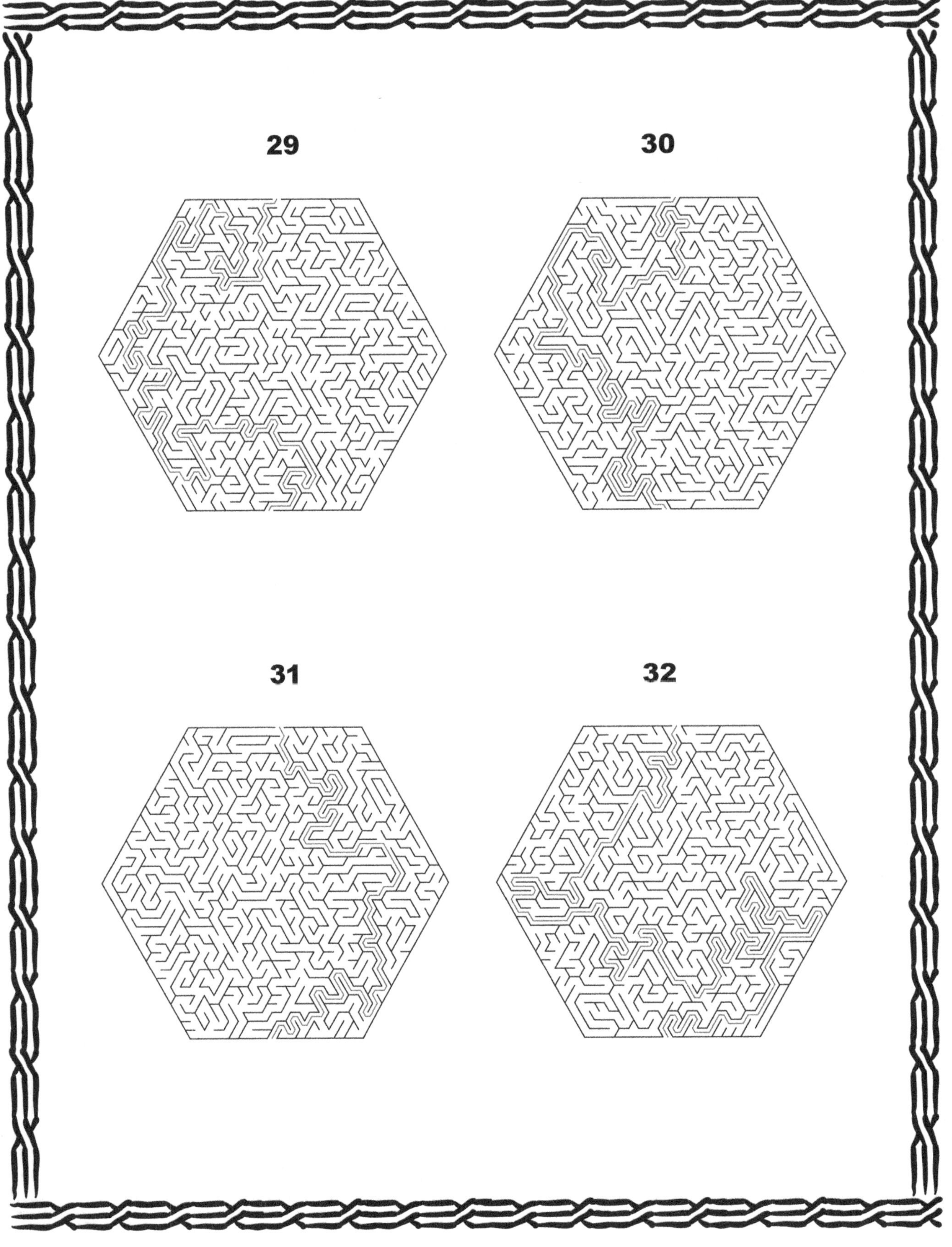

29
30
31
32

33

34

35

36

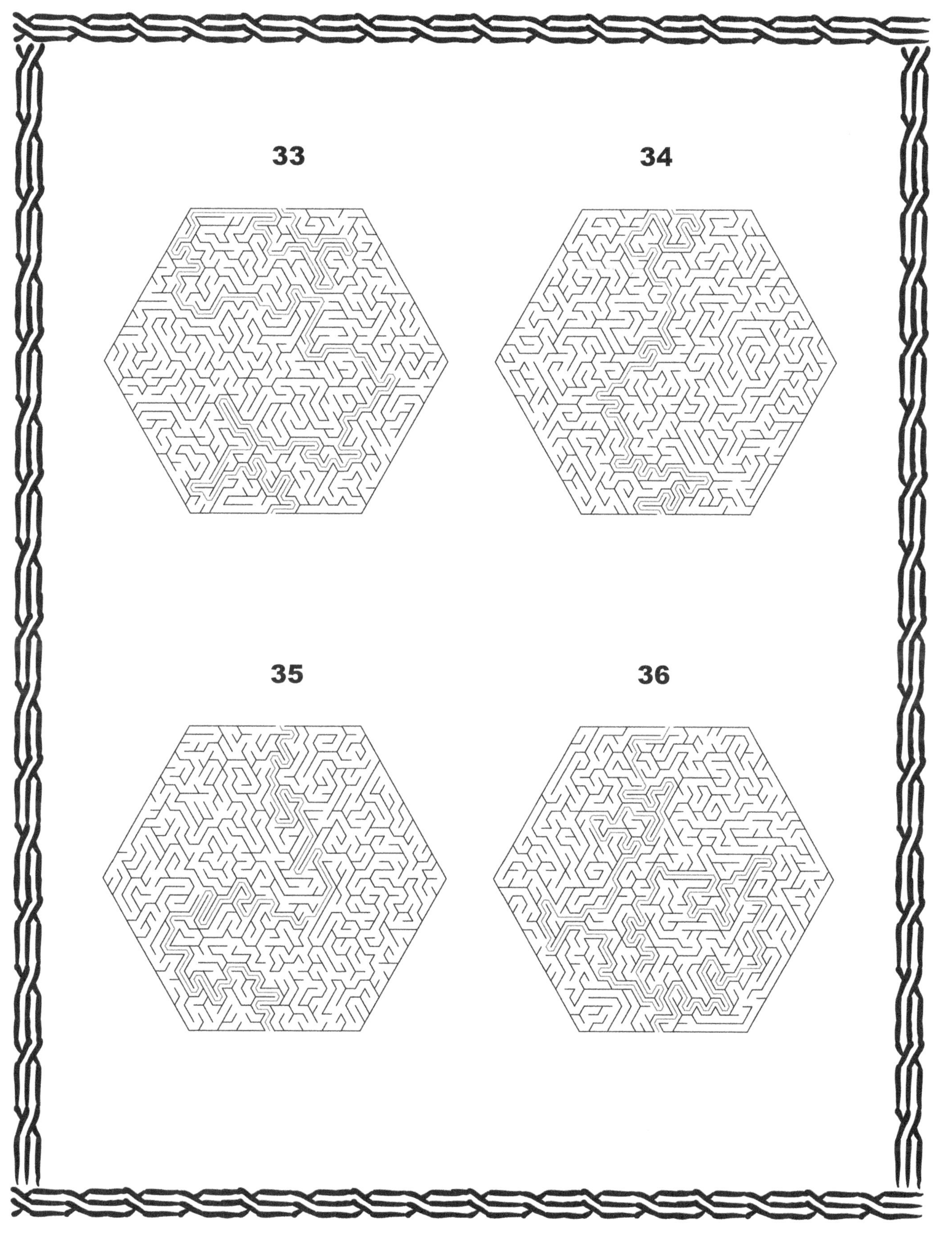

37

38

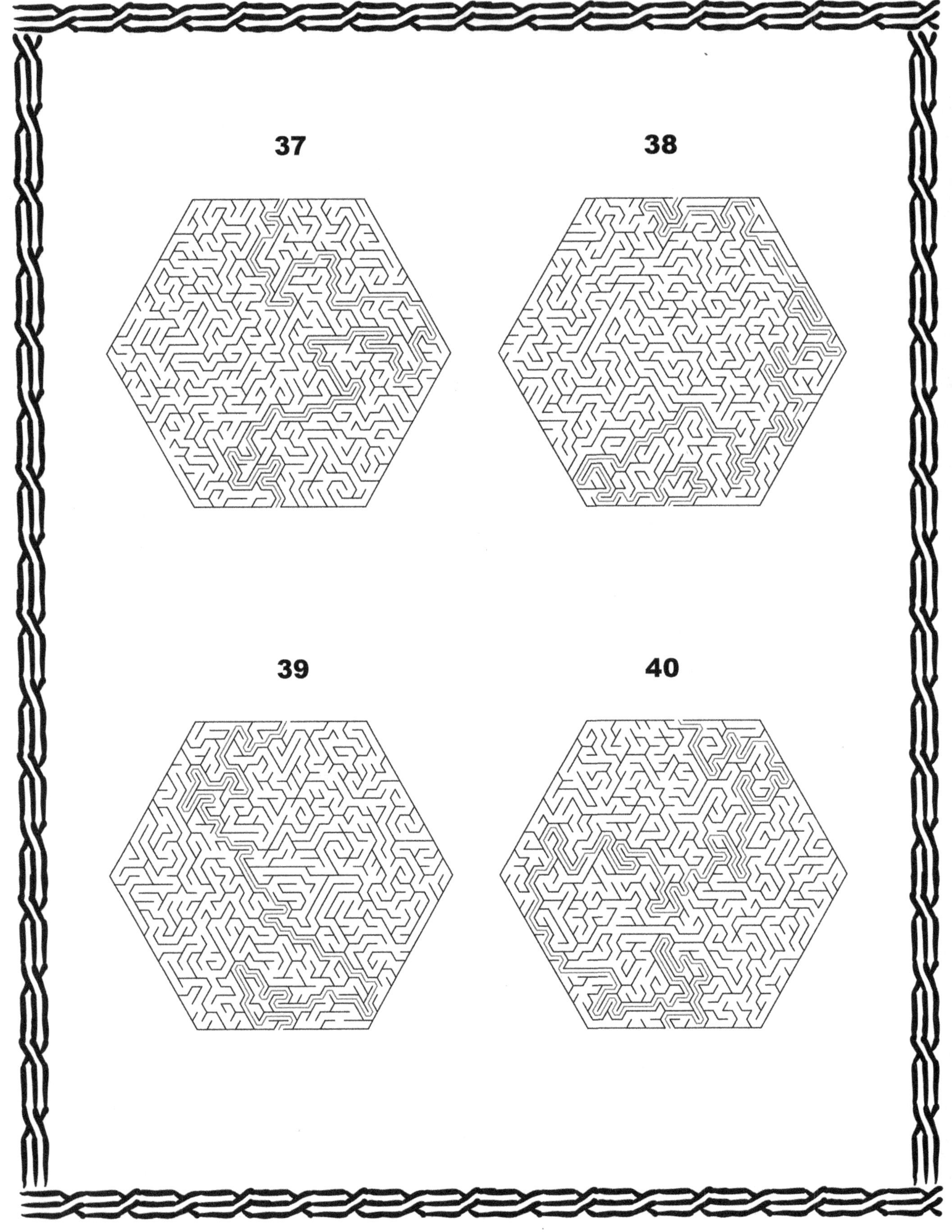

39

40

41

42

43

44

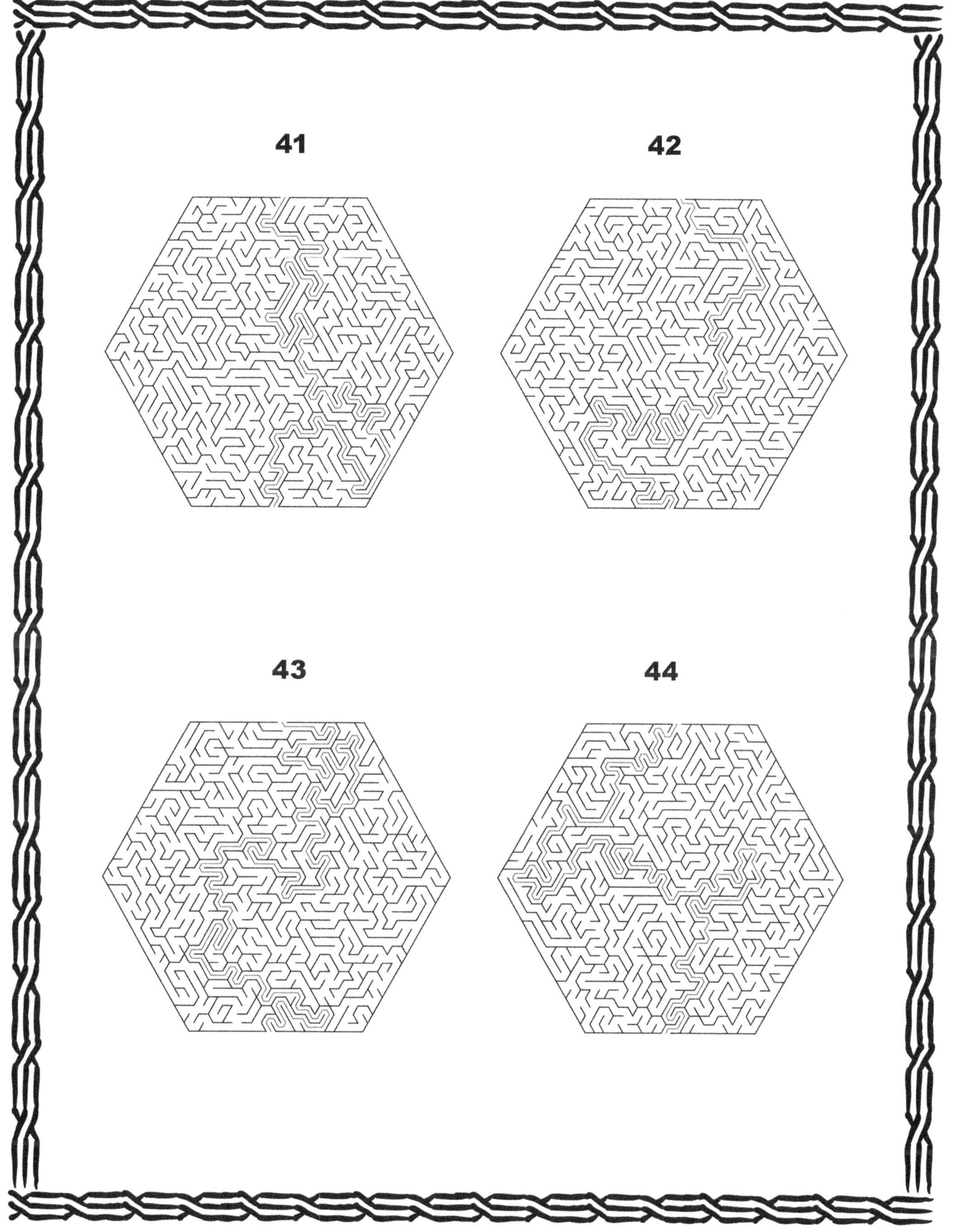

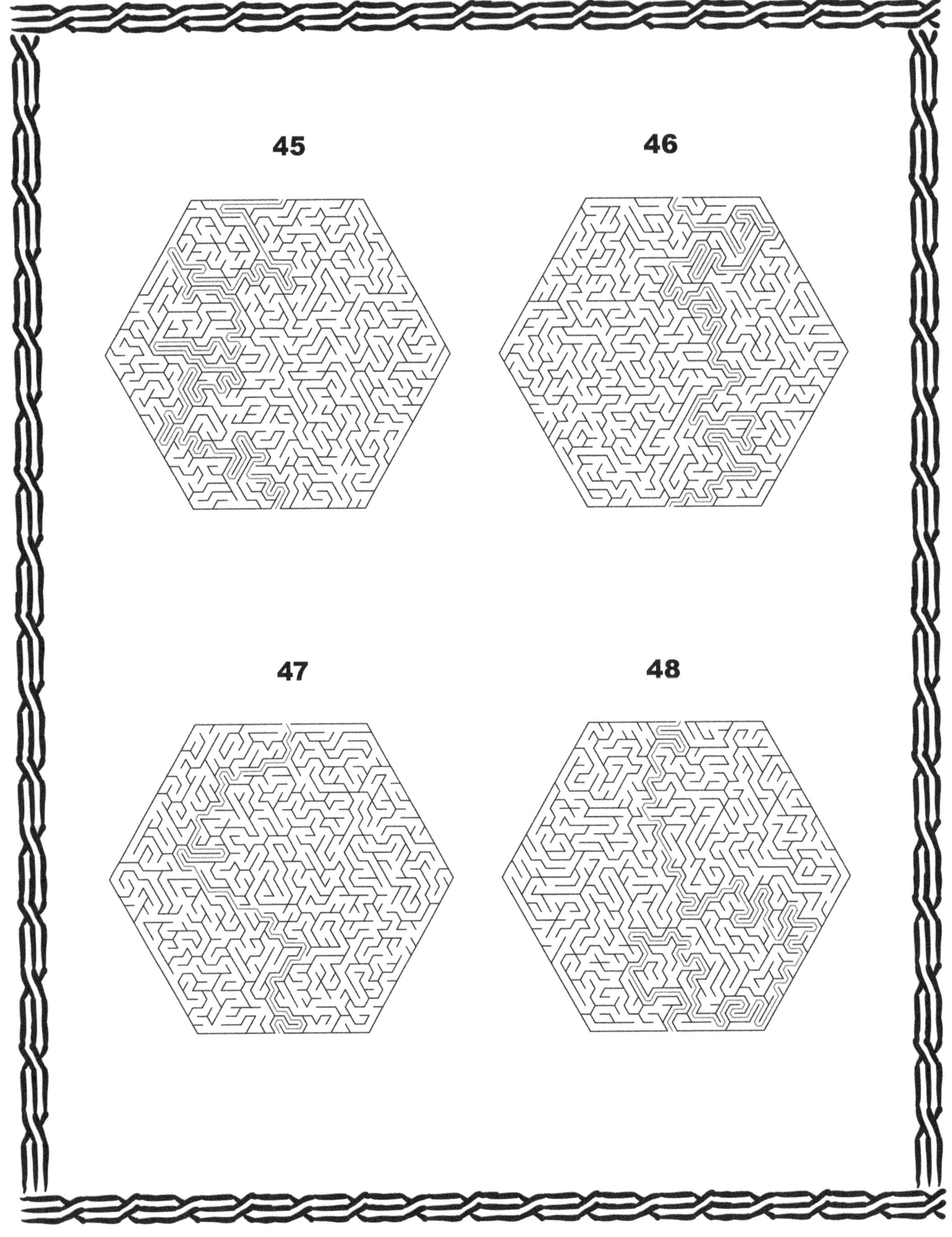

45
46
47
48

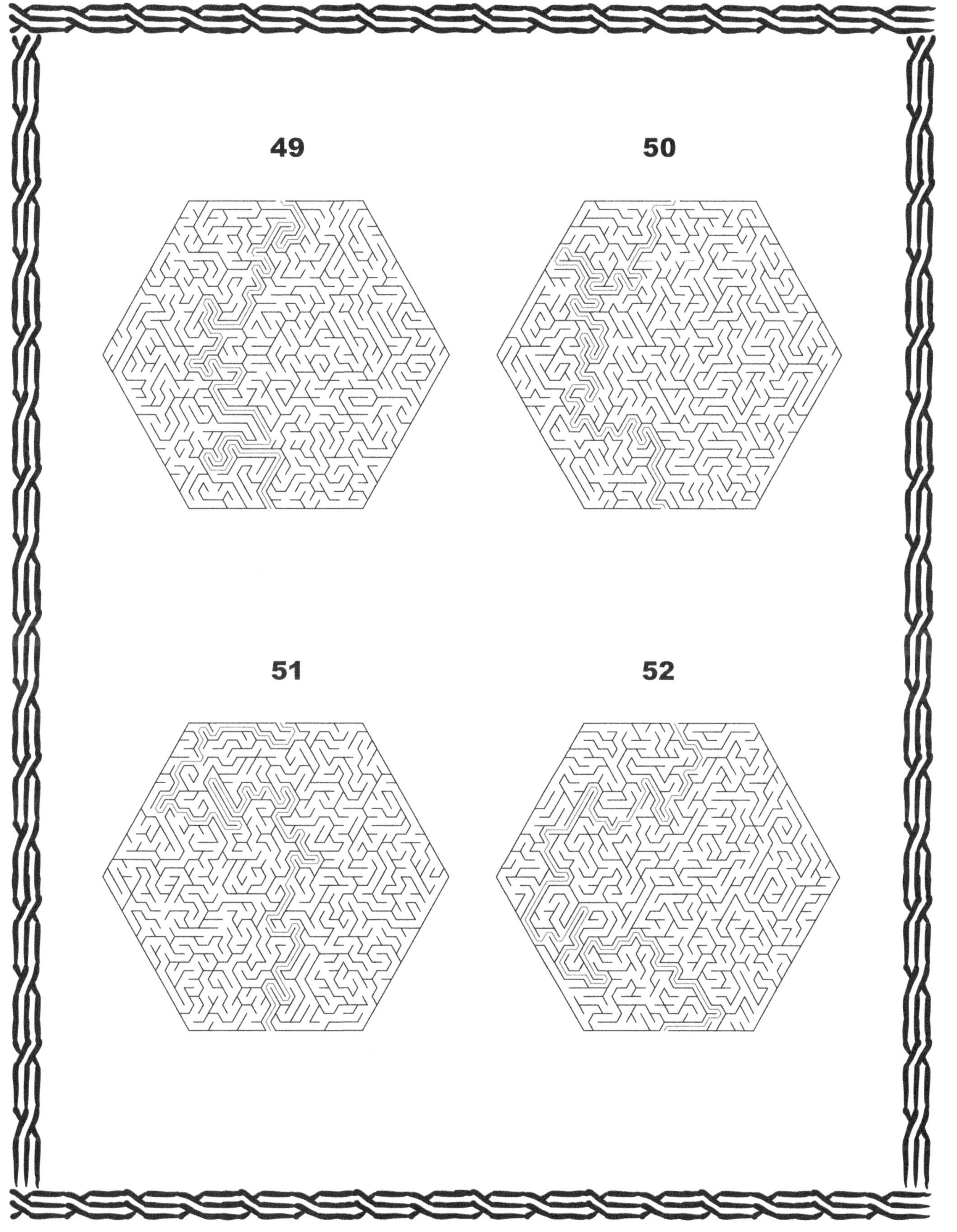49
50
51
52

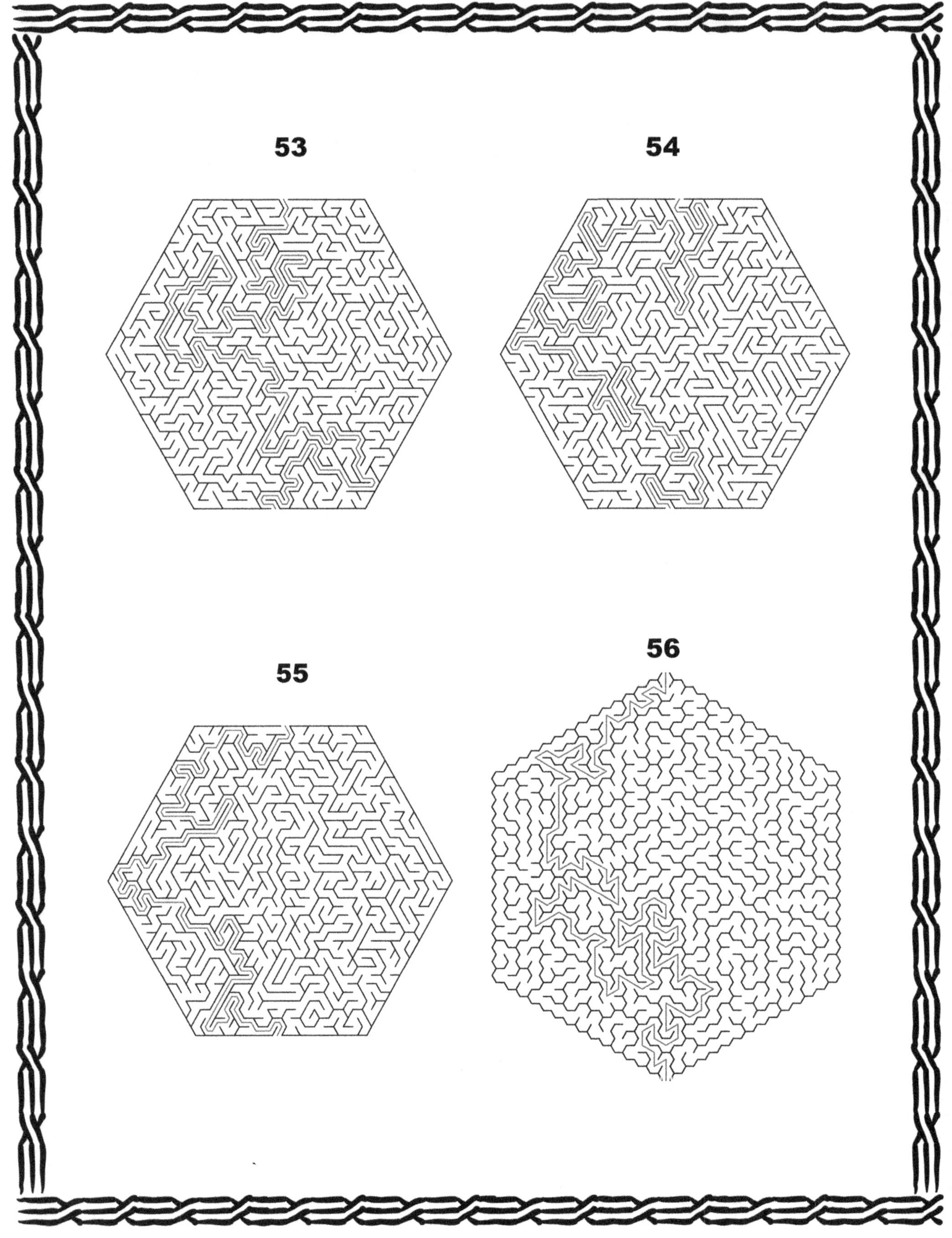

53

54

55

56

57

58

59

60

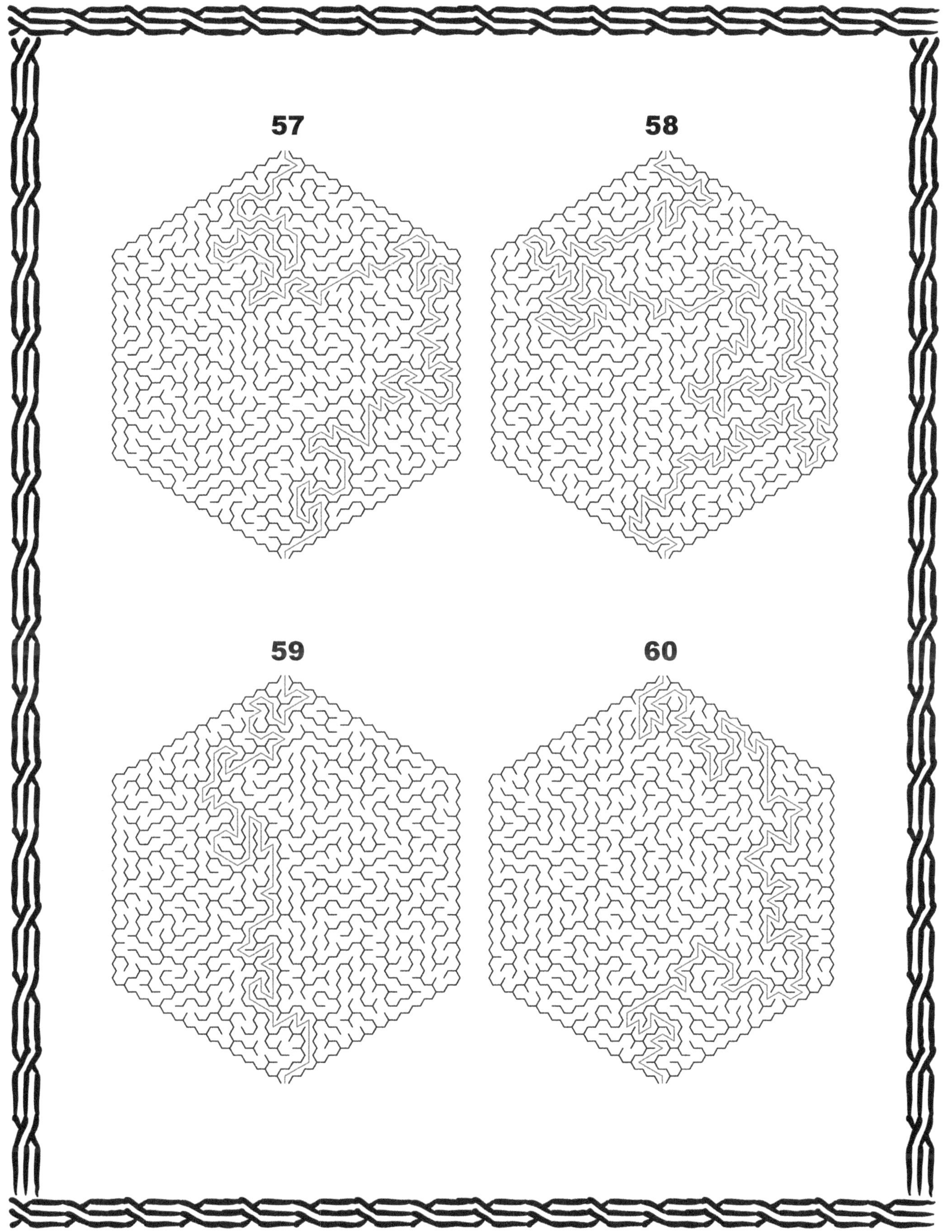

61

62

63

64

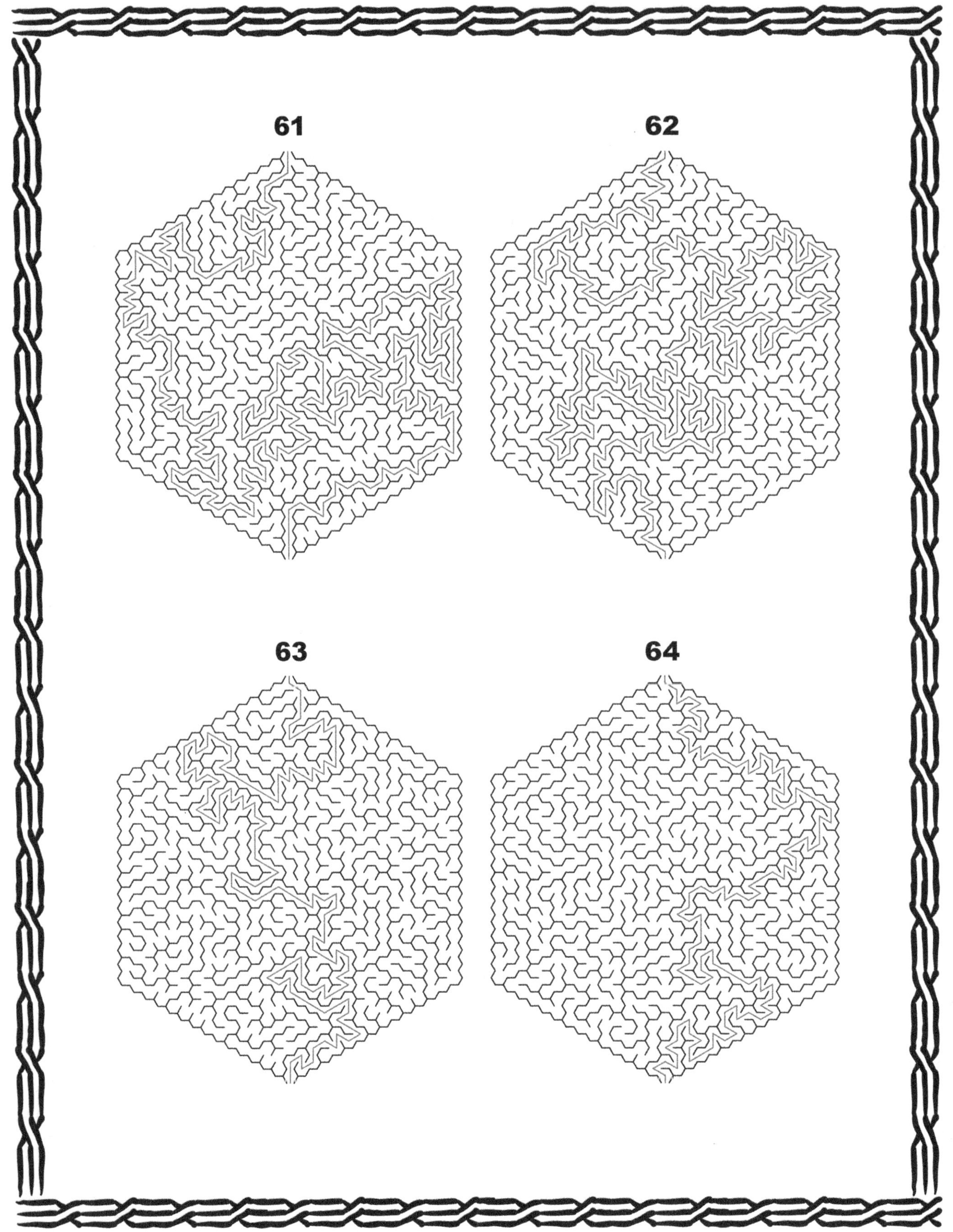

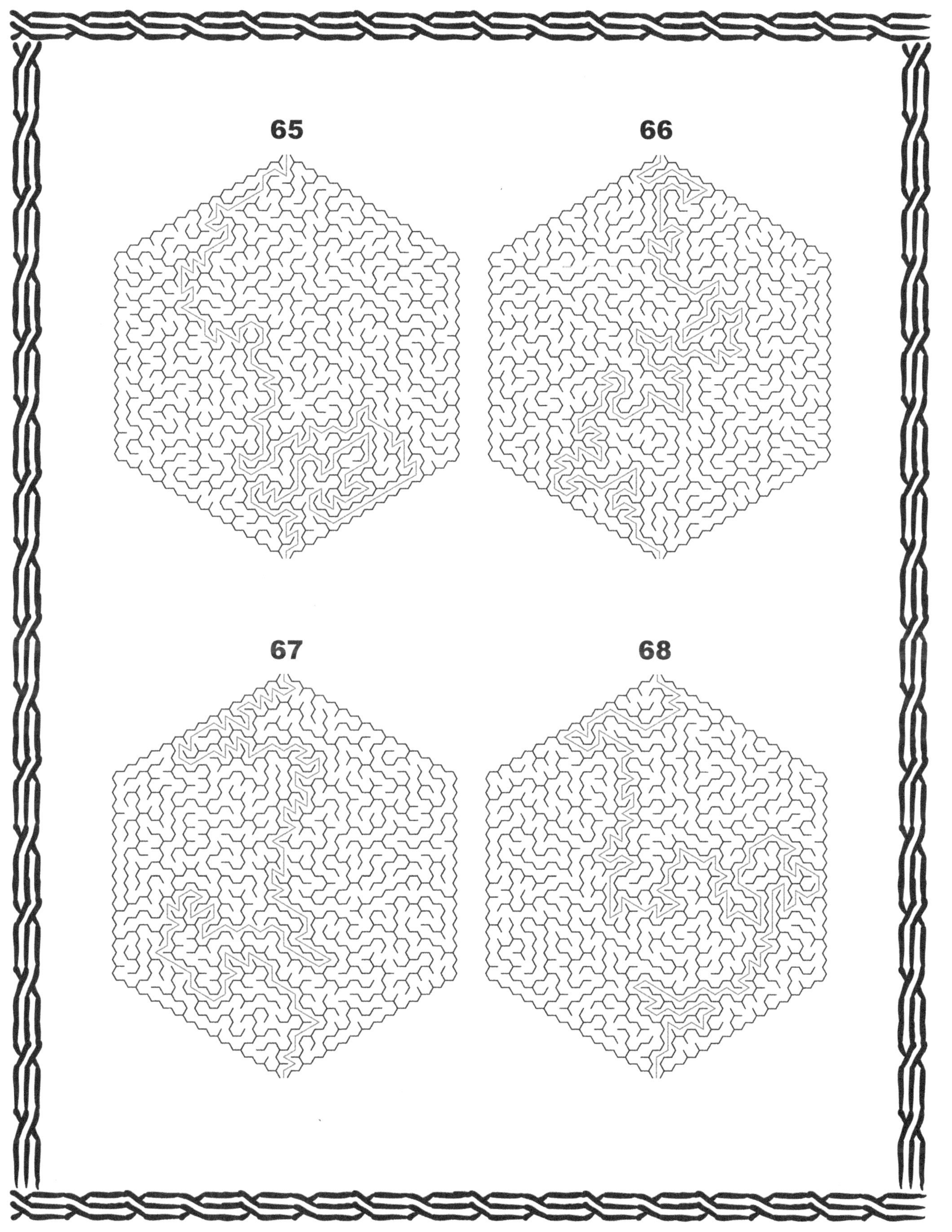

65
66
67
68

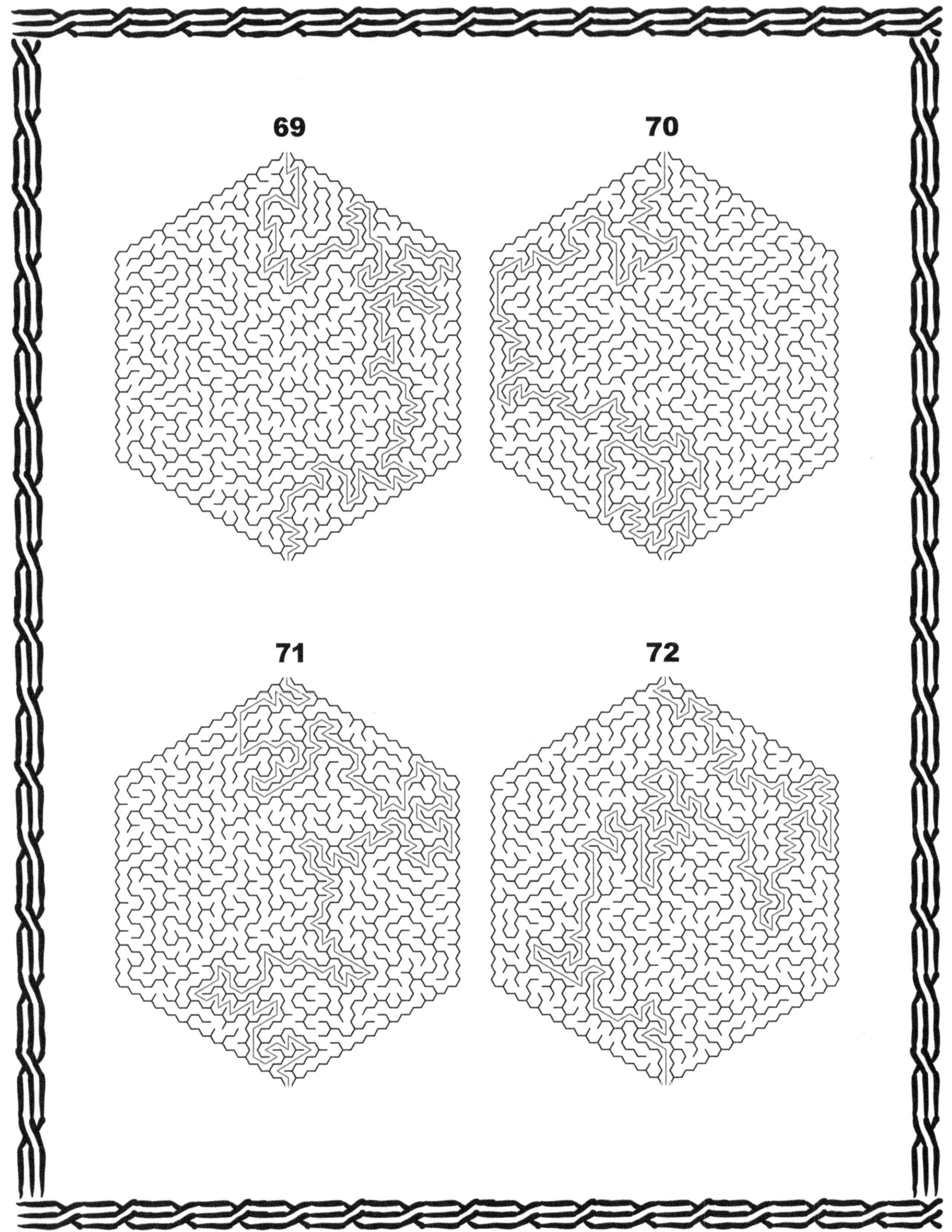

69

70

71

72

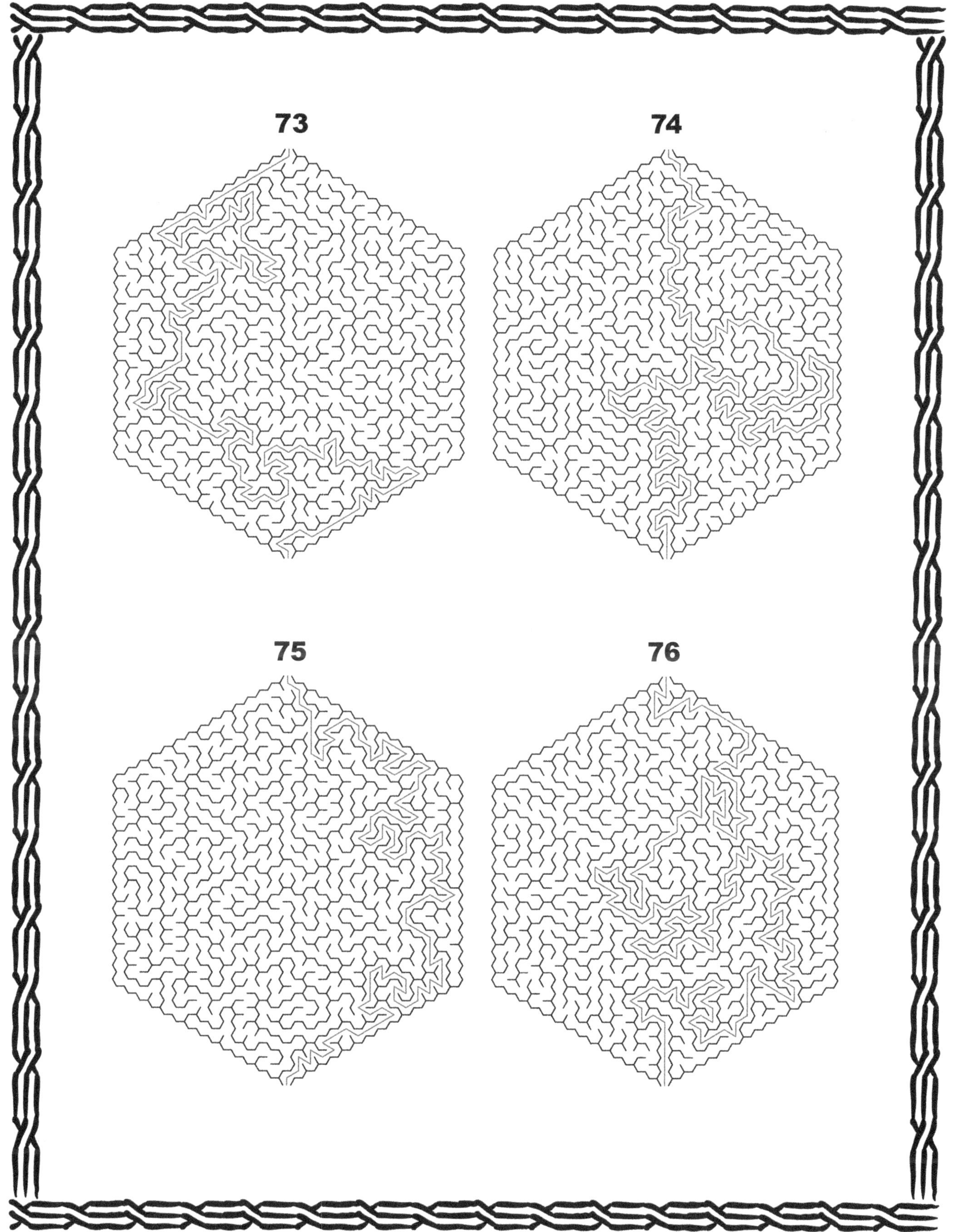

73
74
75
76

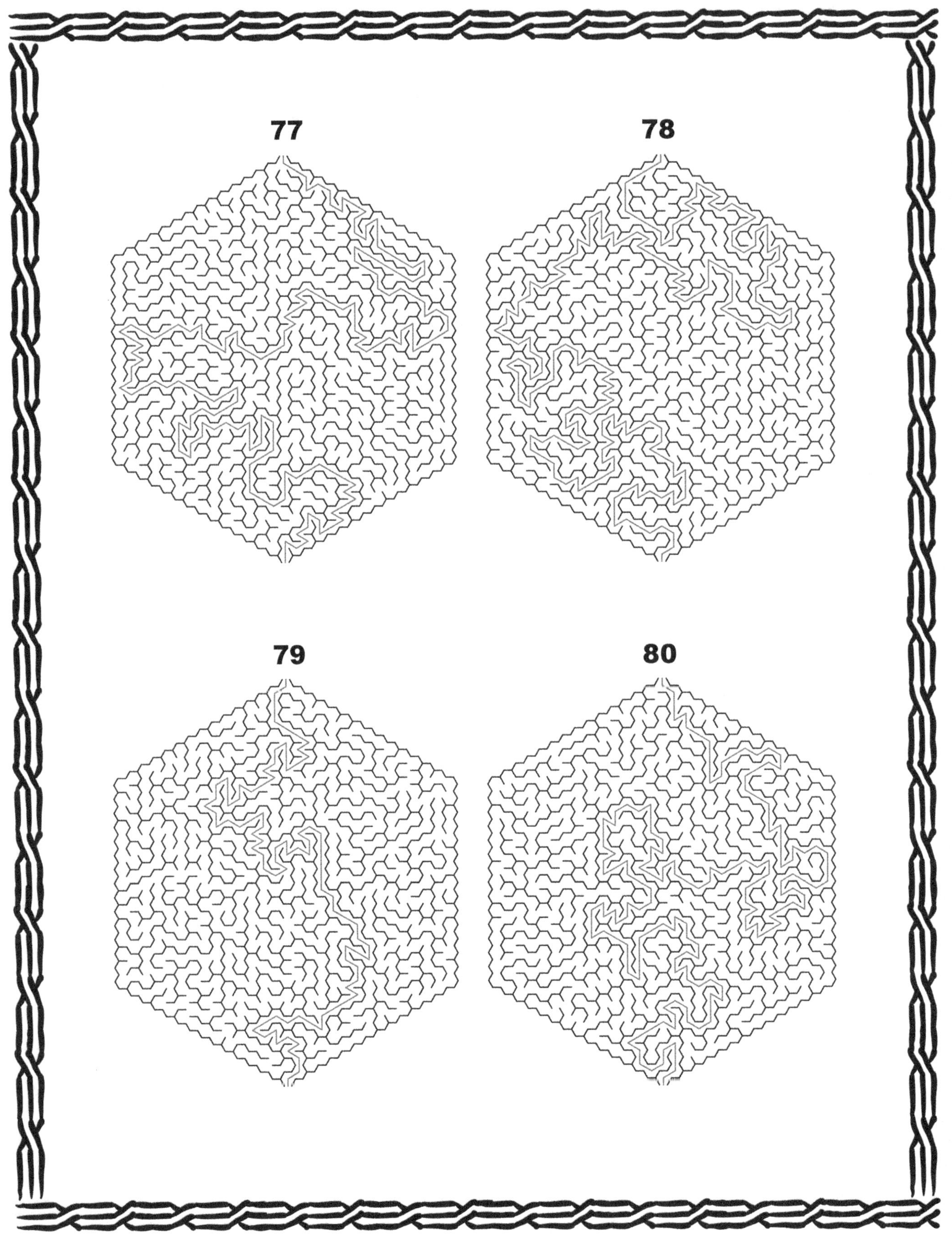

77

78

79

80

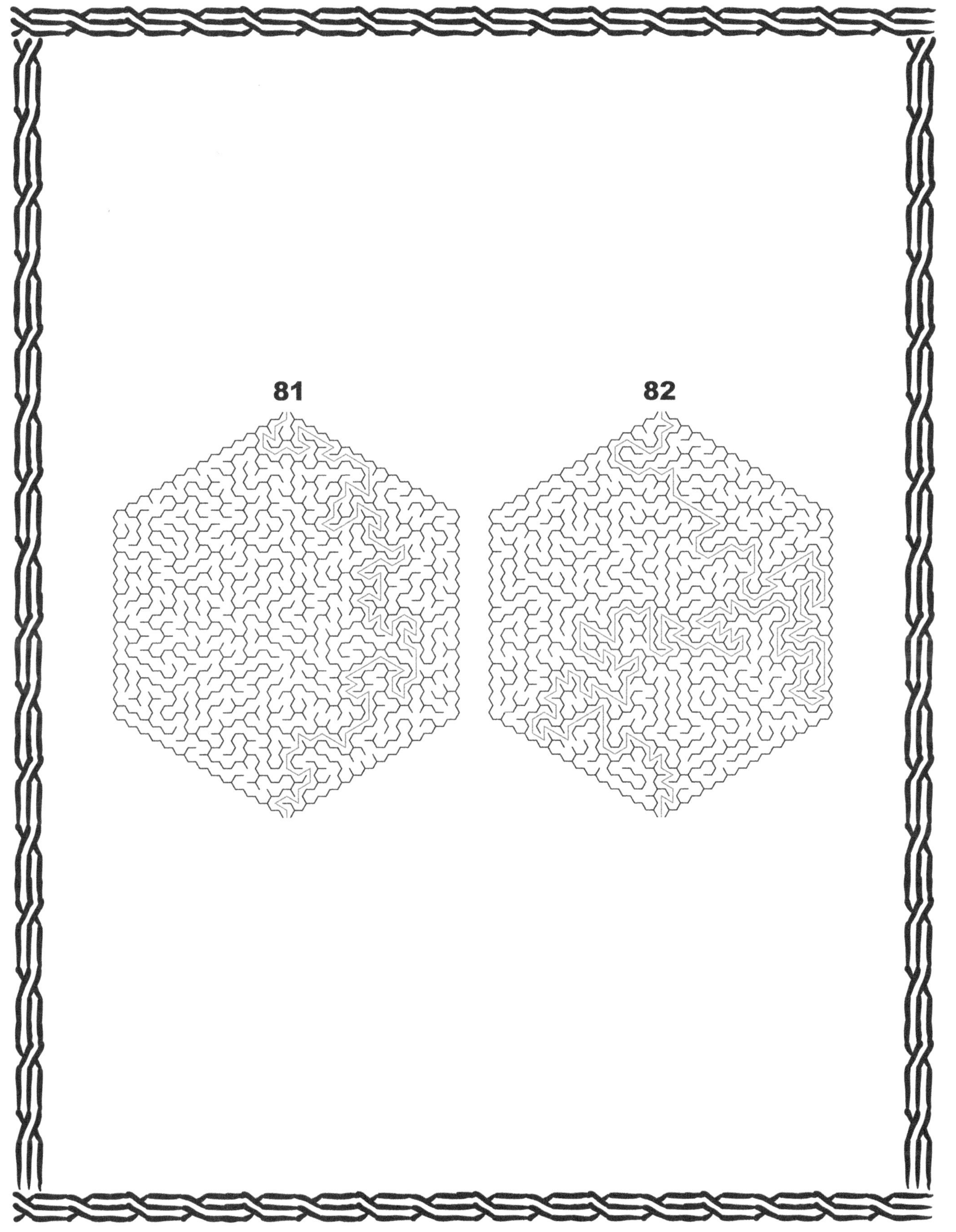
81
82

Made in the USA
Monee, IL
07 July 2026